就业·创业

指导与实践

主　编　王海明
副主编　孙姣娇
　　　　陶　陶
　　　　余　婉

重庆大学出版社

内容提要

　　《就业·创业指导与实践》是一本具有针对性、时效性、实用性的大学生就业创业指导教材。

　　书中结合高校大学生的就业创业环境和形势，分上下两篇具体讲解大学生就业创业的相关知识和技能。上篇（大学生就业指导与实践）介绍当前大学生就业的形势与政策、制订职业规划的方法、就业流程、求职技巧和就业相关法律法规等；下篇（大学生创业指导与实践）介绍大学生创业相关政策、大学生创新创业训练计划项目、"互联网+"大学生创新创业大赛、大学生创业方法与技能等。本书整合了国内外关于大学生就业创业的部分理论，讲解通俗易懂；注重理论联系实际，在课程中引入案例展开论述，与社会实际结合紧密。

图书在版编目（ＣＩＰ）数据

就业·创业指导与实践／王海明主编. -- 重庆：重庆大学出版社，2021.3（2022.1 重印）
ISBN 978-7-5689-2619-5

Ⅰ.①就… Ⅱ.①王… Ⅲ.①大学生—职业选择
Ⅳ.①G647.38

中国版本图书馆 CIP 数据核字（2021）第 051712 号

就业·创业指导与实践

主　编　王海明
副主编　孙姣娇　陶　陶　余　婉
责任编辑：鲁　静　　版式设计：鲁　静
责任校对：刘志刚　　责任印制：邱　瑶

*

重庆大学出版社出版发行
出版人：饶帮华
社址：重庆市沙坪坝区大学城西路 21 号
邮编：401331
电话：(023)88617190　88617185(中小学)
传真：(023)88617186　88617166
网址：http://www.cqup.com.cn
邮箱：fxk@cqup.com.cn（营销中心）
全国新华书店经销
重庆升光电力印务有限公司印刷

*

开本：720mm×1020mm　1/16　印张：14.25　字数：228 千
2021 年 3 月第 1 版　　2022 年 1 月第 2 次印刷
ISBN 978-7-5689-2619-5　定价：52.00 元

随着中国高等教育进入大众化阶段，高校毕业生逐年增加，就业形势也越来越严峻。高校毕业生就业问题，关乎社会安定稳定。国务院下发的《国务院关于进一步做好普通高等学校毕业生就业工作的通知》指出，"建立贯穿于整个大学教育期间的职业发展和就业指导课程体系"。为了指导和帮助大学生解决就业中的种种问题，引导大学生规划职业生涯，培养大学生的就业创业意识，我们组织从事大学生就业指导教学和研究的老师一起编写了这本《就业·创业指导与实践》。

本书共分为八章，上篇（第一至四章）为大学生就业指导与实践，下篇（第五至八章）为大学生创业指导与实践。在体例设置上，各章均以"学习目标""学习建议"引领，其下每节均有"名人格言""案例导入"，让知识点的讲解更加生动；每节后均有"拓展阅读""思考与练习"，让学生通过阅读加深对学习内容的理解，通过思考、练习巩固知识点。

本书从基本理论知识及实际应用方面引导大学生正确了解就业环境和就业形势，从工作态度方面帮助大学生树立正确的就业观念，从专业能力方面帮助大学生提升自身的就业、创业素质。全书结构完整、内容充实、实用性强，相信大学生通过对本书的学习,能够对自我及社会环境有一定的清晰认识,在自我发展及岗位选择方面做出科学预判,对职业生涯有更加理性的思考和规划。

本书在编写过程中参考了部分国内外大学生职业规划、就业指导、创业教育方面的书籍和网站相关内容,在此,编者向相关作者表示感谢。由于编写时间仓促,编者水平有限,书中不足之处,敬请广大读者予以批评指正。

编　者

2020 年 8 月

CONTENTS/ **目录**

上篇　大学生就业指导与实践

下篇　大学生创业指导与实践

上篇 大学生就业指导与实践

第一章 了解就业信息，做好就业的心理准备

学习目标

1. 了解就业形势和相关政策。
2. 了解就业渠道。
3. 明确大学生就业前应有的心理准备,学会在就业中进行自我分析、自我调适,理性择业。

学习建议

1. 邀请心理学专家以班会或讲座的形式进行辅导。
2. 邀请优秀毕业生来班级座谈。
3. 参加 1～2 次招聘会,了解就业市场和用人单位对大学生的要求。

第一节 了解就业形势和相关政策

名人格言

你今天所做的努力都是为了一个更好的明天。

——拉尔夫·马斯顿

案例导入

《2020 年中国大学生就业报告》发布

（来源：光明网，2020 年 7 月 22 日，有改动）

《2020 年中国大学生就业报告》（《就业蓝皮书：2020 年中国本科生就业报告》和《就业蓝皮书：2020 年中国高职生就业报告》）日前正式发布。报告的研究对象为毕业半年后（2019 届）、三年后（2016 届）和五年后（2014 届）的普通高校毕业生。该报告自 2009 年首度发布以来，至今已是第 12 次发布。

2019 届本科毕业生平均月入 5 440 元

蓝皮书显示，2019 届本科毕业生平均月收入为 5 440 元，剔除通货膨胀因素的影响外，与 2015 届相比，五年来本科生起薪涨幅为 23.6%；高职毕业生平均月收入为 4 295 元，剔除通货膨胀因素的影响外，与 2015 届相比，五年来高职生起薪涨幅为 15.7%。

其中，计算机类、电子信息类、自动化类等本科专业毕业生薪资较高，2019 届平均月收入分别为 6 858 元、6 145 元、5 899 元；铁道运输类、计算机类、水上运输类等高职专业毕业生薪资较高，2019 届平均月收入分别为 5 109 元、4 883 元、4 763 元。

杭州就业满意度稳居"新一线"城市第一

蓝皮书显示，本科毕业生选择在"新一线"城市就业的比例从 2015 届的 22% 上升到 2019 届的 26%，而在一线城市就业的比例从 2015 届的 26% 下降至 2019 届的 20%；高职毕业生选择在"新一线"城市就业的比例从 2015 届的 17% 上升到 2019 届的 23%，而在一线城市就业的比例从 2015 届的 19% 下降至 2019 届的 15%。

另外，在"新一线"城市就业的 2019 届本科毕业生中，外省籍占比从 2015 届的 28% 上升到 2019 届的 38%，与一线城市（平均占比 68%）的差距在逐渐缩小。在主要的"新一线"城市中，在杭州就业的

2017—2019届外省籍本科毕业生占比最高，其次为天津、苏州，均超过一线城市中的广州。

2019届本科毕业生在一线城市的就业满意度（72%）略高于在"新一线"城市的就业满意度（68%）。上海是本科生就业最满意的城市，其次是北京；"新一线"城市中，在杭州、天津、宁波、南京、苏州就业的毕业生满意度较高，不输于部分一线城市。

基础教育及教辅培训机构为就业增长点

蓝皮书显示，2019届本科毕业生就业比例最大的行业类是"教育业"（就业比例：15.9%），同时与2017届相比增幅也较高，为8.2%。具体来看，在"教育业"的就业增长主要是"民办中小学及教辅机构"（2019届就业比例：7.6%）、"公办中小学教育机构"（2019届就业比例：6.1%）的需求增长，较2017届分别增长20.6%、7%。2019届高职毕业生就业比例较大的行业类是"建筑业"（就业比例：11.1%）、"教育业"（就业比例：7.8%）。与2017届相比，到"教育业"就业的高职生比例增幅也较高，为20%。具体来看，在"教育业"的就业增长主要是"教辅及培训机构"（2019届就业比例：2.9%）、"幼儿与学前教育机构"（2019届就业比例：2.5%）的需求增长，较2017届分别增长26.1%、19%。

2019届本科毕业生从事最多的职业类是"中小学教育"（就业比例：10.1%），与2017届相比增幅为6.3%。2019届高职毕业生从事最多的职业类是"销售"（就业比例：9.8%），与2017届相比增幅为10.1%。

信息安全、软件工程等成绿牌专业

据介绍，绿牌专业指的是失业量较小，就业率、薪资和就业满意度综合较高的专业，为需求增长型专业。红牌专业指的是失业量较大，就业率、薪资和就业满意度综合较低的专业。

蓝皮书显示，2020年本科就业绿牌专业包括信息安全、软件工程、信息工程、网络工程、计算机科学与技术、数字媒体艺术、电气工程及其自动化。

2020 年高职就业绿牌专业包括铁道机车、铁道工程技术、社会体育、电力系统继电保护与自动化技术、移动互联应用技术、发电厂及电力系统、物联网应用技术。

同时,2020 年本科就业红牌专业包括绘画、音乐表演、法学、应用心理学、化学。

2020 年高职就业红牌专业包括法律事务、语文教育、烹调工艺与营养、小学教育、导游。

从事医护相关工作,饭碗最"硬"

蓝皮书指出,大学毕业生从事专业相关工作的比例趋稳。2019 届本科生工作与专业的相关度为 71%,高职生为 63%。

从本科学科门类来看,医学专业毕业生毕业半年后从事工作与专业相关的比例(2019 届:92%)连续三届最高,同时 2014 届毕业生毕业五年后该比例也最高;教育学专业毕业生从事工作与专业相关的比例为 86%。从高职专业大类来看,医药卫生大类专业毕业生从事工作与专业相关的比例(2019 届:89%)连续三届最高,同时 2016 届毕业生毕业三年后该比例也最高;土木建筑大类、教育与体育大类近三届持续上升,2019 届(均为 73%)相较于 2017 届(68%、67%)分别提升了 5 个百分点、6 个百分点。

从大学毕业生从事职业来看,医护相关职业的专业门槛要求最高,行政后勤、销售相关职业的专业门槛要求偏低。

(作者:晋浩天)

任何竞争的成功者都是有准备的。社会竞争激烈,个人必须做好充分的准备迎接挑战。大学生想要顺利地就业,就必须正确地解读当前社会的就业形势,要通过各种渠道和方法学习就业政策,在国家政策范围内择业。如果对形势和政策知之甚少,就会导致就业的随机性和盲目性。大学生应该深入了解国家相关部门制定的就业方针政策,掌握就业市场的规律和特点,以获得更多的就业主动权。

一、大学生就业形势

（一）当前大学生就业状况

分析近几年的就业情况，我国的就业形势依然严峻。高校毕业生的就业压力仍然很大，结构性就业矛盾依旧突出，已成为一个社会问题。

2020 年我国高校毕业生达到 874 万人，再创新高。新冠肺炎疫情的暴发对我国高校毕业生的就业也造成了严重的冲击。招聘网站数据显示，2020 年第一季度，大学生招聘需求人数为 1 237 万，占全国招聘需求总人数的 10.19%，求职申请人数为 896 万，占全国求职总人数的 10.56%。与 2019 年第四季度相比，2020 年第一季度全国大学生招聘需求人数有所下降，而求职申请人数则有所增加；与 2019 年第一季度相比，大学生招聘需求人数同比下降 16.77%，而求职人数增加了 69.82%。

从大学生就业行业来看，大学生群体在不同行业之间的就业景气程度分化严重。2020 年第一季度，高校毕业生就业景气度较高的行业与全国行业发展情况基本一致。其中，生物医学工程在疫情背景下就业形势较好。而高校毕业生在网络游戏、交通运输、电力电器等行业的就业景气度较低，竞争激烈。从大学生就业行业形势来看，大学生就业市场行业结构矛盾较为明显。

（二）大学生就业困难原因分析

1. 高校扩招导致市场供需失衡

近年来，高校扩招对大学生就业造成了一定的影响，大学生就业市场呈现出由"卖方"市场向"买方"市场的转变。虽然每天都有新增的就业岗位，但与日益增长的就业人数相比较，我国大学生的就业形势仍然很严峻。大学生本科人数的激增，让用人单位对人才的要求也越来越高，大学生的就业竞争加大。大学生只有努力加强对自身能力的培养，努力使自己成为品学兼优的人，才能适应不断发展的市场经济的需求。

2. 大学生就业结构存在明显矛盾

随着我国经济的发展和行业结构的调整，我国一部分传统行业呈现低迷状态，造成结构性失业；而随着新兴行业的产生，又造成了一些新兴行业人才的供不应求。加之产业升级和社会转型的加剧，市场对人才结构的需求变化明显，人才市场更加需要有技术、有经验的专业人才和高级管理人才,而许多大学生在毕业时相关技能和工作经验不足,因而出现大学生"过剩"情况。

(三)大学生就业趋势

1. 就业多元化

过去,由于我国经济形态固化,大学生的就业理念受到老一辈的影响,因而大学生更倾向到政府、事业单位和国企就职,但近年,随着我国经济政策的调整、产业结构的转型升级,以及经济全球化的发展,大学生能够选择的行业和岗位越来越多样,大学生的就业观也随着市场需求的变化发生了转变,其就业渠道呈现出多元化的发展趋势,就业模式也从精英式就业模式向大众化就业模式转变。

大学生就业方式主要有以下几种:

①继续升学,继续深造;

②参加公务员考试,进入机关单位;

③进入科教文卫事业单位;

④进入国家大中小企业;

⑤进入民营、外资、合资企业;

⑥自主创业。

2. 就业基层化

随着国家政策的调整,我国经济目前正处于发展的战略机遇期,经济增长方式积极转变、产业不断升级、产业结构不断优化、中小城市建设不断完善,东西部区域经济协调性发展,呈现出良好的发展势头,吸引着大学生去扎根落户。为了吸引大学生从大城市到二、三线城市落户,国家出台了一系列政策,对到基层、中西部地区、中小企业就业的大学生给予了各种优惠,二、三线城市也不断地在人才政策上发力,这些政策加速了大学生向基层流动,向二、三线城市流动,让就业地吸纳了新鲜血液,有力地推动了区域经济协调发展。

从目前大学生实际就业的情况来看,大学生到基层就业已经成为就业的新动向,村干部、社区服务人员的出路问题目前看来也比较乐观。随着国家"西部大开发""中部崛起"发展战略的深入实施,我国中西部地区迎来了巨大的发展机遇,到中西部地区就业、到中小城市就业、到基层就业成为大学生就业的一个必然趋势。

3.自主创业者增多

2015 年，国务院印发《关于深化高等学校创新创业教育改革的实施意见》，接着国务院又印发了《关于大力推进大众创业万众创新若干政策措施的意见》《关于推动创新创业高质量发展打造"双创"升级版的意见》，提出这些指导意见的目的就是推动大众创业、万众创新；深化高校创新创业教育改革，让大学生能够在高校学习期间培养创新创业意识，成为社会需要的创新创业人才。

大学生自主创业不仅能够缓解就业压力，还能为社会创造新的就业岗位。为了响应国家的号召，贯彻落实实施意见，高校将创业教育纳入教学大纲，在高校内设立创业孵化基地，为大学生提供创业指导和支持。

当前，越来越多的大学生有了创业意识，他们拟订创业计划，大胆实施创业行动，走上了自主创业的道路。

二、我国就业政策

大学生的就业政策是指国家和各级地方政府及高等院校，为促进大学生就业工作而制定的基本原则、具体的实施程序、实施办法等。

大学生在求职之前，应先掌握就业相关政策，在就业政策许可范围内求职，保证就业的有效性，提高成功率。

当前，我国大学生就业的基本政策坚持"公开、公正、择优、自愿"的原则，就业政策对供需双方都是平等的，既维护大学生的合法权益，也对大学生的责任担当提出要求，从而形成了"市场导向，政府调控，学校推荐，学生和用人单位双向选择"的大学生就业机制。

为了保障大学生就业，拓宽大学生的就业渠道，近年国家出台了各项政策推动解决大学生就业问题，这些政策主要表现在以下七个方面：

①鼓励和引导大学生到城乡基层就业。国家对参加大学生服务基层项目的大学生给予政策的保障，不仅保障大学生的薪酬待遇，还保障大学生在基层项目服务完毕以后享受相关就业优惠政策。

②鼓励大学生到各类企事业单位特别是中小企业和非公有制企业就业。为了便利大学生，政府有关部门要为大学生提供便利条件和相应服务。

相关政策包括：对企业跨地区聘用的大学生，省会及省会以下城市落实相关政策，取消落户限制；大学生到中小企业就业的，在专业技术职称评定、科研项目经费申请、科研成果或荣誉称号申报等方面,享受与国有企业、事业单位同类人员同等待遇;对小型微型企业新招用的大学生,签订1年以上劳动合同并按时足额缴纳社会保险费的,给予1年的社会保险补贴,组织开展岗前培训,按规定给予培训费。

③鼓励、支持大学生自主创业和灵活就业,特别是到基层就业、创业。国家规定对凡是从事个体经营的大学生,除国家限制的行业外,自工商部门批准其经营之日起1年内免交登记类和管理类的各项行政事业性收费;部分有条件的地区由地方政府规定,在现有的渠道中为大学生提供创业小额贷款和担保。

④要求各地大力开发社会管理和公共教育、医疗卫生、文化等领域的服务岗位,增加大学生的就业机会;完善相关政策,重点解决他们的工资待遇、社会保障、户口档案、职称评定、教育培训、人员流动、资金支持等方面的实际问题。

⑤鼓励大学生应征入伍服义务兵役;积极聘用优秀大学生参与国家和地方重大科研项目;对困难家庭的大学生实行就业援助;等等。

⑥要求各地高校确保大学生在毕业离校前能参加实践活动、学习就业课程,以强化就业素质、提高就业能力、熟悉就业程序、了解基本的就业政策。

⑦维护和支持大学生就业市场,要求不得以营利为目的举办大学生招聘活动,严格规范大学生招聘程序,切实维护大学生的合法权益,保护大学生的人身安全。对用人单位发布虚假招聘信息,利用招聘欺诈、损害大学生权益的情况,要及时严肃处理。

此外,每年国家还会结合实际情况,制定出台一系列促进大学生就业创业的措施,政策不断升级;各地也在不断丰富完善就业创业政策支持体系,提出多项举措,着力促进大学生多渠道就业、自主创业。如2020年3月,受新冠肺炎疫情影响,大学生求职困难增多。党中央、国务院高度重视大学生就业工作,及时作出一系列重要决策部署。教育部出台《教育部关于应对新冠肺炎疫情做好2020届全国普通高等学校毕业生就业创业工作的通知》,提出"优化网上就业服务""强化湖北等重点地区和重点群体就业帮扶""适当延长毕业生择业时间""增加毕业生升学深造机会""促进毕业生多渠道就业"等举措。大学生平时可留意政府机构官方网站信息,了解大学生最新就业政策和就业渠道。

拓展阅读

30 余项政策支持　2020 届高校毕业生就业局势总体稳定

（来源：央视新闻，2020 年 9 月 28 日，有改动）

2020 届高校毕业生有 874 万人。今天（28 日），教育部召开新闻发布会介绍 2020 届毕业生就业总体情况，教育部高校学生司司长王辉介绍，今年以来，教育部会同 20 多个部门出台了 30 余项政策措施，全力推进高校毕业生就业，2020 届毕业生就业局势总体稳定。

在完善促就业政策体系方面，针对增加升学机会，教育部出台了硕士研究生、专升本、第二学士学位面向国家战略和民生发展急需专业扩招的政策；针对基层就业，出台了扩大"特岗计划""三支一扶"招录规模、扩大城乡社区和基层医疗就业岗位、开发科研助理岗位吸纳就业等政策；对企业稳岗扩就业，出台了减免和缓缴社保费、返还失业保险费、发放各类就业补贴等政策；针对职业资格条件，出台了教师、护士、律师等职业资格"先上岗、再考证"等政策。

64.5 万 2020 届毕业生完成网上签约

同时，教育部还会同有关部门积极开发政策性岗位、开拓市场性岗位。据统计，截至 9 月 1 日，今年政策性岗位大幅增加，已吸纳 280 多万名毕业生就业，比去年同期增加 70 多万。教育部今年 2 月推出的"24365 校园网络招聘服务"，目前已提供岗位信息 1 522 万条，累计注册毕业生 669 万人次，投递简历 3 736 万人次。教育部直接举办专场招聘活动 40 场，累计提供各类岗位 540 多万个。今年 3 月以来，各地和全国高校日均举办网络招聘活动 2 000 场左右，总数超过 20 万场。3 月份，教育部推出的"全国高校毕业生网上签约平台"，推动 11 个省近 900 所高校开展网签工作，今年有 64.5 万名毕业生完成了网上签约。

2020 届离校未就业毕业生服务不断线

目前，还有一定规模的 2020 届离校未就业毕业生，教育部将加快落实政策性岗位,各地还有一些政策性岗位正在落实的过程中,教育部将指导各地各高校持续引导有就业意愿未就业的毕业生报考各类政策性岗位。同时,将配合人社部门落实好三年百万青年见习计划,积极举办见习对接活动,让有需求的未就业毕业生都能获得见习机会;扩大专项能力培训,对有培训意愿的未就业毕业生应培尽培。

教育部高校学生司司长王辉表示,将为毕业生提供不断线就业服务,确保将有就业意愿的毕业生纳入公共就业服务体系,努力帮助未就业毕业生尽早实现就业。

(作者:高晨源、魏帮军)

思考与练习

1.结合实际情况,思考当前毕业生就业难的原因。

2.国家就业政策一般包含了哪几个方面?毕业生在就业时应该注意哪些方面?

3.搜集整理国家最新的就业政策,以小组为单位制作就业政策指南书。

第二节　了解就业渠道

名人格言

你若要喜爱你自己的价值,你就得给世界创造价值。

——歌德

案例导入

多渠道稳就业

（来源：人民日报，2020年4月22日，有改动）

在统筹推进新冠肺炎疫情防控和经济社会发展工作部署会议上，习近平总书记提出全面强化稳就业举措，强调"要实施好就业优先政策，根据就业形势变化调整政策力度，减负、稳岗、扩就业并举"。稳就业是一个系统工程，不仅涉及短期应急管理与长期稳定发展之间的平衡，还涉及劳动力市场需求扩大与劳动者就业能力培养之间的平衡、就业数量与就业质量之间的平衡。做好当前形势下的稳就业工作，需要在以下几个方面发力。

加快推进全面复工复产，稳定就业基本面。复工复产是稳定就业的头等大事。当前，各级党委政府积极帮助企业复工复产，有力稳定了就业基本面。加快推进全面复工复产，可以将各项帮扶政策汇编成"复工复产政策指南"，降低企业在政策获取和应用方面的成本；鼓励各地政府部门主动与企业对接，协调各类复工复产支持政策；鼓励劳务输出地与用工地直接对接，采取"点对点、一站式"直达运输方式，为劳动者和企业提供精准服务。

加快数字平台经济发展，扩大新增就业空间。复工复产解决的主要是存量就业问题，而我国每年还有超千万的新增劳动力需要就业，这意味着继续创造更多新就业机会仍然是做好稳就业工作的重中之重。数字平台经济作为一种新业态，在增加新就业岗位方面表现出显著优势，在解决新增劳动力就业方面还有很大潜力可挖。比如，在此次疫情中，一些数字平台经济通过创新工作形态、增加就业机会，为稳就业做出了贡献。进一步完善市场准入条件，实行包容审慎监管，鼓励发展数字平台经济，优化数字平台经济发展环境，将会创造更多就业机会。

健全专项就业促进机制，满足就业需求。一些劳动者找不到合适工作与一些艰苦地区、艰苦行业、艰苦岗位招不到合适人才并存，一直是就业工作中面临的一个矛盾。在疫情冲击下，这一矛盾显得尤为突出。要解决这一突出矛盾，可以继续实施好农村教师特岗计划，实施好大学生村官、"三支一扶"、西部计划等基层就业项目，鼓励更多高校毕业生走向基层，缓解劳动力供求失配问题。

创新和完善社会保障体系，增强就业灵活性与安全性。适应当前就业形势需要，创新和完善社会保障体系，增强就业灵活性与安全性。一方面，支持劳动者通过临时性、非全日制、季节性、弹性工作等形式实现灵活就业，完善支持灵活就业的各项政策措施，明确灵活就业、新就业形态人员就业服务、权益保障等办法，抓紧清理取消不合理的限制灵活就业的规定。另一方面，灵活就业会促使劳动关系由单一化转向多元化，这就要求创新和完善社会保障体系，构建灵活性与安全性兼具、长期与短期协调的稳就业机制。

鼓励工作任务在线交付，缓解疫情冲击。在疫情冲击下，虽然传统的企业经营模式与就业模式受到较大冲击，但在线经济逆势发展，企业用工需求不降反升。移动办公平台的普及，不仅稳定了存量就业，而且拉动了移动办公及相关领域的就业。这表明，创新工作形式、鼓励工作任务在线交付，已经成为当前形势下做好稳就业工作的重要方式。可以鼓励企业构建以网络信息技术为基础的工作任务交付平台，实行工作任务在线交付，打造全新组织管理、市场服务模式，在缓解疫情冲击、稳定就业的同时，推动就业形态不断升级。

扩大教育培训规模，缓解短期就业压力。从劳动力供给角度看，以就业培训、高校扩招等方式适度缩小短期劳动力供给规模、提升劳动者就业能力，有利于缓解就业市场结构性矛盾，夯实长期就业和经济高质量发展基础。一是扩大研究生招生规模，将更多招生指标投向临床医学、公共卫生、集成电路、人工智能等专业，着力培养高层次应用型人才。二是扩大高职高专升读本科招生规模，培养更多预防医学、应急管理、养老服务管理、电子商务等适应经济高质量发展要求的专业人才。三是推动高校、社会教育培训机构等设立短期培训项目，在提升劳动者就业技能的同时缓解短期就业压力。

（作者：杨伟国）

在国家改革开放的新形势下，经济结构、产业结构也在不断转型升级，大学生能够选择的行业和岗位越来越多样，大学生就业也呈现出多层次、多渠道、多方位的特点。我国已初步实现了"市场导向、政府调控、学校推荐、毕业生和用人单位双向选择"的就业模式。大学生应善于搜集各渠道信息，在了解当前就业形势和政策的基础上，了解就业单位的需求和岗位的需要，以便找到职业方向，做好职业规划。

一、就业渠道信息来源

（一）学校就业指导主管部门

高校就业指导主管部门负责及时地向大学生发布就业信息，让大学生了解当前就业单位需求、就业形势和就业政策。每年九月下旬至 11 月中旬的秋季招聘是企业驻校招聘的高峰，每年的 3 月至 4 月还有短暂的春季招聘。学校会通过官方网站和信息平台及时地推送各类招聘信息，为大学生和用人单位架起一座信息的桥梁。学校提供的信息可信度高，大学生就业的成功率也高。

（二）社会各级人才市场

随着社会市场经济建设的发展，我国人才市场也在不断优化。从国家人力资源和社会保障部到地方人力资源和社会保障部门，大学生都可以获取用人单位的主要招聘信息。各级人才市场定期和不定期举办的招聘会是求职者获取就业信息的有效渠道。招聘会上，大学生不仅可以了解到不同的职位要求，而且可以通过现场与用人单位洽谈提高自己的面试能力，增加面试的自信心。

（三）媒体与网络平台

报纸、杂志、广播电台、电视台都会在大学生就业季发布一系列的大学生就业指导信息，有些杂志还为大学生开设了"择业指导""政策咨询"等专栏，为大学生提供就业咨询服务。

随着互联网的发展，网络成为大学生快速、方便地获取信息的最优选择。政府部门每年都会在国家、地方人力资源和社会保障部门官方网站发布招聘信息，包括国家公务员招聘、事业单位招聘、国家政策性项目招聘等。社会求职网站，如智联招聘网、中华英才网、应届生求职网、拉勾网，也会提供用人单位在全国各高校的招聘信息。

（四）社会人脉资源

社会人脉资源是大学生自我开发的职业信息收集渠道。亲戚、朋友、老师、同学都是大学生获取职业信息、谋得职位的可能途径。有些用人单位很乐于接受经人介绍推荐的求职者。大学生要重视本校本专业师兄师姐的就业流向，注意与他们多沟通多交流，他们会给予直接有效的建议或推荐。大学生通过实习也可以认识相关领域的前辈，及时掌握就业信息。

二、就业方向介绍

大学生可根据就业形势和自身情况选择不同的就业方向，针对不同的就业方向，国家也制定了相应的就业政策。这里对大学生服务基层项目、应征入伍、考取编制三类就业方向及相关政策作详细介绍，关于大学生应聘企业和自主创业的相关内容在本书其他章节中介绍。

（一）大学生服务基层项目

基层是大学生熟悉当代中国社会、了解中国国情的最好的地方，是大学生成长成才的重要平台。引导和鼓励大学生到基层工作，是贯彻落实人才强国战略和就业优先战略的重要举措，是为基层输送人才、拓宽大学生就业渠道的重要途径。

近年来，为了鼓励大学生到基层工作，国家组织实施了以下大学生到基层就业的专门项目。

1. 农村教师"特岗计划"

"特岗计划"是农村义务教育阶段学校教师特设岗位计划的简称。2006年，教育部、财政部、人事部（现人力资源和社会保障部）、中央机构编制委员会办公室下发《关于实施农村义务教育阶段学校教师特设岗位计划的通知》，联合启动实施"特岗计划"，公开招聘高校毕业生到西部地区"两基"攻坚县县以下农村义务教育阶段学校任教。

"特岗计划"是中央实施的一项针对西部地区农村义务教育的特殊政策，旨在引导和鼓励大学生从事农村义务教育工作，创新农村学校教师的补充机制，逐步解决农村学校中师资总量不足和结构不合理等问题，提高农村教师队伍的整体素质，促进城乡教育均衡发展。

（1）"特岗计划"实施范围

"特岗计划"实施范围包括山西、内蒙古、安徽、江西、河南、湖北、湖南、广西、海南、重庆、四川、贵州、云南、陕西、甘肃、宁夏、新疆、青海、河北、吉林、黑龙江以及新疆生产建设兵团。

（2）特设岗位教师（简称特岗教师）的服务期限和岗位设置

特岗教师的服务期为 3 年。

特岗教师的岗位设置相对集中，一般 1 个县（市）安排 100 个左右，1 所学校安排 3~5 人。原则上将教师安排在县以下农村初中，适当兼顾乡镇中心学校；人口较少的边境县、少数民族自治县和少小民族县可安排在农村生源占 60% 左右的县城学校。

（3）特岗教师的招聘对象和条件

①政治素质好，热爱社会主义祖国，拥护党的各项方针、政策，热爱教育事业，有强烈的事业心和责任感，品行端正，遵纪守法，在校或工作（待业）期间表现良好，未受过任何纪律处分，为人师表，志愿服务农村基层教育；

②符合教师资格条件要求和服务岗位要求（应聘初中教师的学历要求原则上为本科及以上，所学专业与申请服务的岗位学科一致或相近）；

③身体条件符合当地要求，并能适应设岗地区工作、生活环境条件；

④全日制普通高校师范类专业应届本、专科毕业生；

⑤全日制普通高校具备教师资格条件的非师范类专业应届本科毕业生；

⑥取得教师资格（2020 年特岗教师招聘不将教师资格作为限制条件），同时具有一定教育教学实践经验、年龄在 30 岁以下且与原就业单位解除了劳动（聘用）合同或未就业的全日制普通高校往届本科毕业生。

（4）招募原则及程序

特岗教师的招募遵循"公开、公平、自愿、择优"的原则。按下列程序进行：

①公布岗位、招聘人数等条件；

②自愿报名；

③资格审查；

④考试和考核；

⑤体检；

⑥确定招聘人选；

⑦岗前培训；

⑧教师资格认定；

⑨签订协议；

⑩派遣上岗。

具体招聘工作按各地方的特岗教师招聘办法执行。

（5）特岗教师的待遇和优惠政策

中央发文，提高教师的薪资待遇，义务教育教师的薪资不低于当地公务员的薪资水平，尤其是对农村教师需要提高待遇。特岗教师在聘用期间，执行国家统一的工资制度和标准，并享受相应的社会保障待遇。中央财政对特岗教师给予工资性补助。特岗教师服务期满后，经考核合格且愿意留任的特岗教师，在核定的教职工编制总额内办理入编手续。

3 年聘任期间：①执行国家统一的工资制度和标准。②津贴由各地根据当地同等条件公办教师收入和中央补助水平综合确定。

3 年聘任期满后：①鼓励特岗教师在服务期满后继续从事农村教育事业。②重新择业的，各地要为其重新选择工作岗位提供方便条件和必要帮助。③可推荐免试攻读教育硕士。

2."三支一扶"计划

2006 年 2 月 25 日，中共中央组织部、人事部、教育部、财政部、农业部（现农业农村部）、卫生部（现国家卫生健康委员会）、国务院扶贫开发领导小组办公室（现国家乡村振兴局）、共青团中央委员会，决定联合组织"三支一扶"计划。

"三支一扶"计划采用公开招募、自愿报名、组织选拔、统一派遣的方式，每年招募高校毕业生，主要安排到乡镇从事支教、支农、支医和扶贫工作。

（1）招募对象和报考条件（根据《2020 年四川省高校毕业生"三支一扶"计划招募公告》）

招募对象为全日制普通高校专科及以上毕业生（含 2020 年应届毕业生），其中，"支医计划"可放宽到成人教育医学专业的大专及以上学历毕业生。报考人员应符合以下条件：

①具有中华人民共和国国籍；

②政治思想素质好，热爱社会主义祖国，拥护党的基本路线和方针

政策；

③自愿到基层工作，作风踏实，吃苦耐劳，甘于奉献，组织纪律观念强；

④在校期间学习成绩优良，具备相应的专业知识；

⑤身体健康，体检合格，能正常履行岗位职责，年龄不超过 30 周岁（1990 年 7 月 13 日及以后出生）；

⑥符合招募岗位需求的其他条件。

曾受过各类刑事处罚、曾被开除公职、有违法违纪行为正在接受审查、尚未解除党纪政纪处分、人民法院通过司法程序认定的失信被执行人、"三支一扶"招募在岗的人员，不得报考。凡在招募报名中提供虚假信息的，一经发现，立即取消报考资格，一切责任由报考者自负。

（2）招募原则及程序

招募工作坚持"公开、平等、竞争、择优"的原则，在专业上以农村基层急需的农业、林业、水利、医学、教育、经济类为重点，同时优先招募家庭经济困难的毕业生（学校为其保留入学资格），优先安排高学历毕业生，优先安排已考取研究生的毕业生，优先安排回生源地的毕业生。招募工作按以下程序进行：

招募工作由各省级"三支一扶"工作领导小组办公室具体负责。一般各地在每年 3—6 月发布招募公告，公布具体招募岗位、报名条件等信息，通过笔试、面试等考核方式确定服务人员初选名单。省级"三支一扶"工作领导小组办公室对人选进行审核后，统一指定时间和医院，对入选大学生进行体检。经审核、体检合格的大学生，由省级"三支一扶"工作领导小组办公室组织其填写"三支一扶"计划登记表，同时与服务单位签署"三支一扶"计划协议书，将确定的"三支一扶"大学生名单上报全国"三支一扶"工作领导小组办公室备案。

被招募的大学生由省级"三支一扶"工作领导小组办公室统一出具招募通知。大学生接到招募通知后按规定的时间和地点直接到服务县（市、区）的政府人事部门报到。超过规定时间不报到者，对其取消招募。

（3）培训上岗

"三支一扶"人员上岗前，要集中进行培训。培训的主要内容为党和国家关于基层工作特别是农业、农村、农民等方面的方针政策，本地区基层工作的现状，拟服务单位和岗位的基本情况等，同时也应对服务地的生活、民情、风俗等予以介绍,帮助他们更快地适应工作和生活环境。

培训工作按照省级"三支一扶"工作领导小组办公室的统一部署,由省教育厅、农业厅、卫生厅、扶贫办等部门按不同服务项目人员分别组织。

(4)服务年限

"三支一扶"工作服务年限一般为2年,工作期间给予服务人员一定的生活补贴。服务人员工作期满后自主择业,择业期间享受一定的政策优惠。目前部分地区服务人员服务期满考核合格可占编就业,在原岗位落实事业编,按事业单位公开招聘人员对待。

(5)优惠政策

参加"三支一扶"计划的大学生服务期满后,进入市场自主择业。各地及有关部门高度重视服务期满的"三支一扶"大学生就业工作,采取多种形式,开辟多种渠道,积极为其就业创造条件。

四川省服务期满且考核合格的"三支一扶"人员,享受以下优惠政策:

①定向考录公务员。可报名参加从基层服务项目人员中定向考录公务员的考试。

②推荐报考选调生。服务期满且连续2年考核优秀,符合选拔条件的,可按选调生选拔程序充实到选调生队伍中。

③报考事业单位工作人员加分。报考事业单位工作人员时,在乡镇及以下(含社区)每服务满1周年,笔试总成绩(公共科目笔试与专业知识笔试按比例折合后的笔试成绩)加2分,最高不超过6分。已按规定享受服务基层项目政策性加分考入事业单位的人员再次参加招考的,不再享受同项目加分政策。

④考核招聘为事业单位工作人员。结合岗位空缺情况和岗位聘用条件,可直接考核招聘到服务所在县(市、区)的乡镇事业单位工作。其中,在民族地区、艰苦边远地区和贫困县服务的人员,可直接考核招聘到服务所在县(市、区)的县、乡事业单位。"三支一扶"人员进入事业单位工作,不再约定试用期。

⑤费用减免。困难家庭"三支一扶"人员报考公务员、事业单位工作人员时,免缴报名费和体检费。

⑥报考硕士研究生加分。服务期满后3年内报考硕士研究生的,初试总分加10分,同等条件下优先录取。

⑦免试入学和保留入学资格。高职（高专）毕业生可免试入读成人高等学历教育专科起点本科。已被录取为研究生的应届高校毕业生参加"三支一扶"计划，学校为其保留入学资格。

⑧助学贷款代偿。按照国家和省教育部门有关规定，符合相应条件的，可享受相应的学费和助学贷款代偿政策。

⑨工龄计算。考录（招聘）为公务员或事业单位工作人员后，在基层服务年限按相关规定计算为工龄。

⑩纳入高校毕业生基层成长计划。服务期满后留在基层工作的人员，及时纳入高校毕业生成长计划跟踪培养。

3. 大学生志愿服务西部计划

大学生志愿服务西部计划（简称西部计划）从 2003 年开始实施，按照公开招募、自愿报名、组织选拔、集中派遣的方式，每年招募一定数量的普通高等学校应届毕业生或在读研究生，到西部基层开展为期 1～3 年的教育、卫生、农支、扶贫等志愿服务。

（1）主要服务地

主要服务地有河北、山西、内蒙古、吉林、黑龙江、安徽、江西、河南、湖北、湖南、广西、海南、重庆、四川、贵州、云南、西藏、陕西、甘肃、青海、宁夏、新疆和新疆生产建设兵团。

（2）选拔资格

①具有志愿精神；

②学分总绩点（或学业成绩）排名在本院系同年级学生总数前 70%之内；

③通过毕业体检和西部计划体检；

④获得毕业证书并具有真实有效的居民身份证；

⑤全日制大专以上学历者优先；

⑥优秀学生干部和有志愿服务经历者优先；

⑦西部急需的农、林、水、医、师、金融、法学类专业者优先；

⑧入学前户籍所在地在西部地区者优先；

⑨已录取为研究生的应届高校毕业生和在读研究生优先；

⑩参加基层青年工作专项行动的志愿者应累计 1 个月以上的基层工作、志愿服务经历或者曾获校级以上表彰奖励、担任过各级团学组织主要

负责人。

（3）选拔程序

①上交报名表。

大学生在大学生志愿服务西部计划信息系统下载打印报名登记表,填写信息后,经所在院系团委审核盖章,交所在高校项目办（设在团委）审核备案。

②资格审核。

高校项目办在收到大学生的报名登记表后,及时对大学生网上报名填写信息的真实性等情况进行审核,审核后在信息系统中填写审核意见。

③笔试、面试。

有条件的高校项目办要对报名西部计划的学生组织统一的笔试、面试,内容包括志愿精神考查、基本素质能力考查、逻辑与语言能力考查、心理健康考查等,选拔符合岗位要求、具有较强的志愿情怀且笔试面试成绩突出的学生。招募省项目办也可统一组织笔试、面试。

④体检。

学校位于省会城市的志愿者,由招募省项目办组织统一体检;学校位于非省会城市的志愿者,可按省级项目办要求,由所在地区的地（市）级团委组织统一体检,体检标准参照全国项目办下发的志愿者体检标准。体检工作要求严肃认真,如发现体检不合格者,招募省项目办须及时联系相应高校进行调换补录。

⑤公示。

体检之后,公布录取志愿者名单并在校园公示 3 天。若无异议,将志愿者名单报招募省项目办。招募省项目办对本省录取的志愿者名单审核后,名单在团省委网站公示 3 天,公示结果报全国项目办,并及时反馈至服务省项目办。

⑥签订招募协议。

公示无异议后,入选志愿者与招募省项目办签订招募协议（协议格式和文本由全国项目办统一提供）。协议签订后,全国项目办委托各招募省项目办向志愿者发确认通知书。同时,招募省项目办应协调高校项目办建立志愿者后备人选库。

⑦公布名单。

全国项目办汇总、审定入选志愿者名单，并向社会公布。

（4）专项设置

西部计划按照服务内容分为基础教育、农业科技、医疗卫生、基层青年工作、基层社会管理、服务新疆、服务西藏7个专项，主要围绕党政中心大局、西部基层经济社会发展实际需要和青年学生的服务意愿等，凸显西部计划志愿服务特点。

基础教育：在县乡中小学从事教学及教学管理工作。本专项包括研究生支教团。

农业科技：在县乡农业（林业、牧业、水利）技术单位从事农业科技工作。

医疗卫生：在乡镇卫生院以及部分县级医院、防疫站从事医疗卫生工作。

基层青年工作：在县级团委从事加强团的基层组织建设、促进青年就业创业、预防青少年违法犯罪、维护青少年合法权益等工作。

基层社会管理：围绕西部基层社会公益、社会保障、社会福利、法律援助、扶贫开发、金融开发等公共服务需求及党政、司法、综治等工作需要开展服务。

服务新疆：围绕新疆和新疆生产建设兵团经济社会发展需要在基层单位从事基础教育、农业科技、医疗卫生等服务。

服务西藏：围绕西藏经济社会发展需要在基层单位从事基础教育、农业科技、医疗卫生等服务。

（5）优惠政策

西部计划志愿者除享受国家规定的高校毕业生就业优惠政策外，给予以下政策支持：

①经费保障。志愿者服务期间中央财政给予其一定补贴。同时根据所在服务地，志愿者享受艰苦边远地区津贴，津贴按月发放。服务单位为志愿者提供住宿等必要的生活条件。

②为加强志愿者管理，志愿者服务期间，户口、档案保留在学校；服务期满后，志愿者通过双向选择落实工作单位，学校再发放报到证。

③志愿者服务至少满1年且考核合格的，可以应届高校毕业生身份报

考公务员。报考中央机关和东、中部地区公务员的,同等条件下,优先录取;报考西部地区公务员的,笔试总分加 5 分。志愿者服务期未满 1 年的,可以社会在职人员身份报考公务员,但不享受相关优惠政策。

④志愿者服务期满 2 年、考核合格的,3 年内报考研究生,初试总分加 10 分;同等条件下,优先录取。

⑤志愿者在服务期间,保险由全国项目办统保,险种为大学生志愿服务西部计划志愿者综合保障险。

(6)服务年限

志愿者服务期具有一定的灵活性,首次签约期为 1 年或 3 年。签约 1 年的志愿者在服务期满后可以于下一年度 3 月向服务县项目办提出延期服务申请。

4. 大学生村官

大学生村官选聘项目是十七大以来党中央做出的一项重大战略决策,主要目的是培养一大批社会主义新农村建设骨干人才、党政干部队伍后备人才、各行各业优秀人才。大学生村官的岗位性质为"村级组织特设岗位",系非公务员身份,其工作、生活补助和享受保障待遇应缴纳的相关费用由中央和地方财政共同承担。大学生村官的工作管理及考核比照公务员有关规定进行,由县(市、区)党委组织部牵头负责、乡镇党委直接管理、村党组织协助实施;人事档案由县(市、区)党委组织部管理或县(市、区)人力资源和社会保障部门所属人才服务机构免费代理,党团关系转至所在村。

(1)选拔资格

选聘对象原则上为全日制本科及以上的学生党员或优秀学生干部。选聘的基本条件:思想政治素质好,作风踏实,吃苦耐劳,组织纪律观念强;学习成绩良好,具备一定的组织协调能力;自愿到农村基层工作;身体健康。选聘对象和选聘条件的具体规定,由省(区、市)党委组织部根据实际情况确定。

(2)选聘流程和服务年限

大学生村官选聘工作由省(区、市)组织人事部门定期、统一组织实施,或者由省、市两级组织人事部门共同组织实施。选聘工作一般通过发布公告、个人报名、资格审查、考试、组织考察、体检、公示、决定聘用、培训上岗等程序进行。由县(市、区)党委组织、人力资源和社会保障部门与大学生村官签订聘任合同，聘期一般为 2～3 年。

(3)工作内容

①宣传教育：宣传和宣讲党的路线方针政策及上级党委的有关安排部署，负责远程教育终端收站点的教学管理和设备网络维护，按照"周周有播放、月月有培训"的要求，组织党员、干部和群众学习农业实用技术和科学文化知识。增强村民法制意识、法律观念和对政策的理解，切实提升村民的素质。

②事务管理：负责整理文件资料、管理档案、起草文字材料等，提醒和督促村里执行各项规章制度等。

③协助工作：配合村干部组织实施社会主义新农村建设有关任务，开展社会治安、计划生育、矛盾调解、社会保障、调查统计、服务代理、科技推广等工作。协助"两委"完善民主议事、联席会议、村务公开、财务公开、村民"一事一议"等制度，实现事务管理公开、公正、透明。

④参与决策：参加村"两委"会议，参与讨论村里重大事项，出谋划策，提出建议。

⑤联系包片：负责联系一个村民组，指导和督促村民组认真落实村里研究决定的事情，帮助村民组制订实施发展生产和服务群众的办法。

⑥强化管理：帮助村党组织开展为民服务全程代理制，"双培双带"先锋工程、无职党员设岗定则、流动党员"双向带动"和党员承诺制等五大载体建设；符合条件的选聘生要兼任村团组织书记或副书记，参与团组织的建设和工作，把广大青年团结和凝聚起来。

(4)流动政策

大学生村官主要通过留村任职、考录公务员、自主创业发展、另行择业、继续学习深造等"五条出路"有序流动。

①鼓励留村任职。

任满 1 个聘期、聘期考核称职的大学生村官，本人提出续聘申请，经乡镇党委初审，县级组织、人力资源和社会保障部门审定，可签订续聘合同，继续留村工作，享受大学生村官待遇。续聘大学生村官纳入当年大学生村官选聘计划。

鼓励在实际工作中表现优秀、党员群众认可的党员大学生村官，通过党员推荐、群众推荐和乡镇党委推荐等方式,参加村党组织换届选举。到村任职工作1年以上的优秀大学生村官,可由本人提出书面申请,经村民会议或村民代表会议讨论通过,参加村委会换届选举。

担任村"两委"副职及以上职务的大学生村官,保留大学生村官工作、生活补贴,同时可享受同级村干部补贴。任满1个聘期、当选村"两委"副职及以上职务,考核称职以上的大学生村官,可参加面向优秀村干部的乡镇公务员定向考录。任满2个聘期、当选并担任村"两委"副职及以上职务满一届,考核称职以上的大学生村官,经省(区、市)组织人事部门批准,可采取考核招聘的方式聘用为乡镇事业单位工作人员,根据工作需要可继续留村工作。

②择优招录公务员。

大学生村官可参加面向社会统一组织的公务员招考。

大学生村官聘用期满、考核称职,并经县级组织、人力资源和社会保障部门推荐同意,可参加面向大学生村官的公务员定向考录。面向大学生村官定向考录的公务员特别是乡镇公务员岗位,应达到当年考录计划的一定比例。

任满1个聘期、当选并担任村"两委"副职及以上职务,考核优秀、实绩突出、群众公认的大学生村官,可通过公开选拔担任乡科级领导干部;符合乡镇领导班子换届提名人选条件的,可按程序推荐作为换届提名人选。经选举担任乡镇党政机关领导人员或经公开选拔担任乡科级领导干部的大学生村官,在国家行政编制限额内按照有关规定进行公务员登记。

大学生村官在职2年以上,具备选调生条件和资格的,经组织推荐,可参加选调生统一招考。选调生主要从具有2年以上基层工作经历的大学生村官中招录,逐步实现选调生工作与大学生村官工作并轨。

③扶持自主创业发展。

鼓励和扶持大学生村官创办领办农民合作、科技推广、社会化服务等组织和实体。通过政府支持、社会募集等方式筹集大学生村官创业扶持资金,创新金融服务方式,为大学生村官创业富民提供借贷、担保、贴息、补助等支持。整合农业、科技、扶贫等有关部门的项目资源,发挥科研机构、高等院校的智力优势,为大学生村官创业富民提供项目论证、技术指导和市场信息等服务。

探索创新创业扶持模式，引导和鼓励企业、社会组织参与扶持大学生村官创业，以大学生村官创业带动社会青年创业。鼓励创业有成的大学生村官进入企业经营管理者、致富项目带头人、新社会组织负责人队伍，逐步实现自主发展。

④引导另行择业。

建立择优推介制度，引导服务期满的大学生村官通过人力资源市场自主择业，省市两级应每年举办一次大学生村官专场招聘会；通过多种途径和形式，广泛宣传大学生村官优势和潜力，引导国有企业、金融机构、非公有制企业、社会组织等面向大学生村官招聘工作人员。

在县（市、区）、乡镇事业单位公开招聘中优先聘用大学生村官，逐步提高面向大学生村官招聘事业单位工作人员的比例。除实行职业资格准入和专业限制的岗位之外，县（市、区）、乡镇事业单位从大学生村官中招聘工作人员一般应达到当年招聘计划的一定比例。

服务期满、考核称职以上的大学生村官，经县（市、区）组织人事部门推荐，可转聘为街道社区工作人员、非公有制企业党建工作指导员或其他社会管理和公共服务岗位工作人员。

⑤支持继续学习深造。

鼓励大学生村官继续学习深造。服务期满、考核称职以上的大学生村官报考研究生，初试总分加 10 分，同等条件下优先录取，其中报考人文社科类专业研究生的，初试总分加 15 分。

离岗大学生村官自主择业前可免费托管人事档案、免费参加一期职业培训，3 年内继续享受大学生村官创业扶持、报考研究生加分等优惠政策。

（二）大学生应征入伍

大学生应征入伍是指部队每年从在校大学生和大学毕业生中招收义务兵。

按我国现行的义务兵役制度，服役年限是 2 年。

1. 选拔资格

以大学生为重点征集对象，优先批准高学历青年入伍，优先批准大学毕业生和理工类大学生入伍。男性普通高等学校在校生年满 18 至 22 周岁，本科及以上学历毕业生可放宽至 24 周岁。女性普通高等学校在校生年满 18 至 20 周岁，应届毕业生放宽至 22 周岁。

2. 选拔流程

大学生应征入伍包括网上登记、初审初检、体检政审、走访调查、预定新兵、张榜公示、批准入伍几个环节。

（1）网上登记

每年8月5日前，有应征意向的大学生（含在校生、应届毕业生）可登录全国征兵网，填写个人基本信息，报名成功后，自行下载打印《大学生预征对象登记表》，符合国家学费资助条件的，同时还应下载打印《高校学生应征入伍学费补偿国家助学贷款代偿申请表》（以下分别简称《登记表》《申请表》），分别交所在高校征兵和学生资助管理部门进行审核。

（2）初审初检

大学生在毕业离校或放假前，根据学校通知，携带本人身份证（户口簿）、毕业证书（高校在校生持学生证），按规定的时间到指定的地点参加学校所在地县级兵役机关组织的初审初检，被确定为预征对象的学生，领取兵役机关和学校有关部门审核盖章后的《登记表》《申请表》。

（3）体检政审

大学生可在学校所在地或者入学前户籍所在地、经常居住地选择一个作为自己参军入伍的应征地。征兵开始后，应征地兵役机关会将具体上站体检时间、地点通知大学生本人，大学生可根据通知要求，携带本人身份证（户口簿）、毕业证书（高校在校生持学生证）以及审核盖章后的《登记表》《申请表》，直接参加应征地县级征兵办公室组织的体格检查。当地公安、教育等部门同步展开政治联审工作。

（4）走访调查

政治联审和体检初步合格者，将由县级征兵办公室通知大学生所在乡（镇、街道）基层人民武装部，安排走访调查。

（5）预定新兵

县级征兵办公室对体检和政审双合格者进行全面衡量，确定预定批准入伍对象，同等条件下，优先确定学历高的应届毕业生为预定新兵。

（6）张榜公示

预定新兵名单将在县（市、区）、乡（镇、街道）张榜公示，接受群众监督，公示时间不少于5天。

（7）批准入伍

体检、政审合格并经公示的大学生，由县级征兵办公室正式批准入伍，发放《入伍通知书》。大学生凭《入伍通知书》办理户口注销、享受义务兵优待，等待交接起运，统一输送至部队服役。申请学费资助的，还要将加盖有县级征兵办公室公章的《申请表》原件和《入伍通知书》复印件，寄送至原就读高校学生资助管理部门。

3. 优惠政策

高校毕业生应征入伍服义务兵役，享有优先报名应征、优先体检政审、优先审批定兵、优先安排使用"四个优先"政策，家庭按规定享受军属待遇。此外，应征入伍服义务兵役的高校学生还享受学费补偿和国家助学贷款代偿，退役后考学升学优惠、就业服务等政策。

（1）妥善安排学业

在校大学生入伍前，学校应安排他们参加所学课程的考试，也可以根据其平时的学习情况，对所学课程免试，直接确定成绩和学分，并保留学籍至退役后 1 年内。对已经修完规定课程或已修满规定学分，符合毕业条件的，学校可准予毕业，发给其毕业证书。在校大学生入伍后，原就读学校保留学籍，退伍后准其复学；服役期间，有条件的可以参加原学校组织的函授或自学专业课程，经部队团级单位批准可以参加学校组织的考试。高校学生应征入伍享受学费补偿、国家助学贷款代偿及学费减免等优惠政策。

（2）入伍后培养使用问题

兵役机关在确定在校大学生入伍的去向时，要尽可能将他们安排到要求文化程度高、专业复杂、技术性强的部队服役，发挥他们的优势和专长，满足部队建设需要。对表现优秀的大学生士兵，在学技术、选拔士官、报考军校、直接提升军官等方面优先安排。对退伍后复学的大学生，如本人自愿且符合相关条件，在校学习期间应优先选拔为国防生或毕业后直接接收补充军队干部队伍。取得全日制高校本科学历和学士学位的大学生入伍，当兵 2 年后可直接提干成为军官。

（3）服役期间工资补助等问题及退役安置政策

①工资补助问题。

对批准入伍的在校大学生，服役期间，部队每月发给津贴和伙食费。义务兵服役满 2 年后，如果部队需要和本人自愿，可由义务兵转为士官。

士官实行工资制,分三级。其家属享受军属待遇,并由其入学前户口所在地人民政府按照本省(区、市)有关义务兵家属优待的规定给予优待。

②退役安置政策。

退出现役后,不愿复学的大学生,由入学前户口所在地的退伍军人安置机构负责接收,并按照城镇退役士兵有关政策的规定,做好安置工作。国家机关、社会团体、企业事业单位,都有接收安置退役士兵的义务,在招收录用工作人员或者聘用职工时,同等条件下应当优先招收录用退役士兵。退役士兵报考公务员、应聘事业单位职位的,在军队服役经历视为基层工作经历。

复学的大学生享受的就学优惠政策包括:a. 高职(专科)学生入伍经历可作为毕业实习经历。b. 退役大学生士兵入学或复学后免修军事技能训练,直接获得学分。c. 设立"退役大学生士兵"专项硕士研究生招生计划。d. 将高校在校生(含高校新生)服兵役情况纳入推免生遴选指标体系。在部队荣立二等功及以上的退役人员,符合研究生报名条件的可免试(指初试)攻读硕士研究生。e. 将考研加分范围扩大至高校在校生(含高校新生)。允许普通高校在校生(含高校新生)应征入伍服义务兵役退役,在完成本科学业后3年内参加全国硕士研究生招生考试,初试总分加10分,同等条件下优先录取。f. 具有高职学历的,退役后免试入读成人本科,或经过一定考核入读普通本科;荣获三等功以上奖励的,在完成高职学业后,免试入读普通本科。g. 退役大学生士兵专升本实行招生计划单列。h. 应征入伍的高校毕业生退役后参加政法干警招录培养体制改革试点招生考试时,教育考试笔试成绩总分加10分。i. 放宽退役大学生士兵复学转专业限制。

大学生退役后享受的最新优惠政策可在全国征兵网查阅。

(4)惩罚规定

为维护兵役法规的严肃性,对存在违反兵役法规行为的公民,严格按照《中华人民共和国兵役法》和《征兵工作条例》进行处理。

(三)报考编制单位

1. 国家公务员

国家公务员考试是公务员主管部门组织的担任主任科员以下及其他相当职务层次的非领导职务公务员的录用考试。中央机关及其直属机构公务员的录用,由中央公务员主管部门负责组织。地方各级机关公务员的录用,由省级公务员主管部门负责组织,必要时省级公务员主管部门可以授权设区的市级公务员主管部门组织。中央机关及其直属机构公务员的招考时间相对比较固定,一般在每年 10—11 月。

下面以《中央机关及其直属机构 2021 年度考试录用公务员公告》内容为例,介绍国家公务员招考流程。

（1）报考条件

①具有中华人民共和国国籍;

②18 周岁以上、35 周岁以下（1984 年 10 月至 2002 年 10 月期间出生）,2021 年应届硕士研究生和博士研究生（非在职）人员年龄可放宽到 40 周岁以下（1979 年 10 月以后出生）;

③拥护中华人民共和国宪法,拥护中国共产党领导和社会主义制度;

④具有良好的政治素质和道德品行;

⑤具有正常履行职责的身体条件和心理素质;

⑥具有符合职位要求的工作能力;

⑦具有大学专科及以上文化程度;

⑧具备中央公务员主管部门规定的拟任职位所要求的其他资格条件。

中央机关及其省级直属机构除部分特殊职位和专业性较强的职位外,主要招录具有 2 年以上基层工作经历的人员。市（地）级及以下直属机构主要招录高校应届毕业生。市（地）级及以下直属机构（含参照公务员法管理的单位）设置 10%～15% 的计划,用于招录服务期满、考核合格的大学生村官、"三支一扶"计划、农村义务教育阶段学校教师特设岗位计划、大学生志愿服务西部计划等服务基层项目人员和在军队服役 5 年（含）以上的高校毕业生退役士兵。地处艰苦边远地区的县（区）级及以下直属机构（含参照公务员法管理的单位）,按照《关于做好艰苦边远地区基层公务员考试录用工作的意见》要求,采取降低学历要求、放宽专业条件、不限制工作年限和经历、单独划定笔试合格分数线等措施,适当降低进入门槛,推动工作力量向基层一线和艰苦边远地区倾斜。

招考职位明确要求有基层工作经历的,报考者须具备相应的基层工作经历。基层工作经历是指在县级及以下党政机关、国有企事业单位、村（社区）组织及其他经济组织、社会组织等工作的经历。在军队团和相当于团以下单位工作的经历,退役士兵在军队服现役的经历,离校未就业高校毕业生到高校毕业生实习见习基地(该基地为基层单位)参加见习或者到企事业单位参与项目研究的经历,可视为基层工作经历。报考中央机关的,曾在市(地)直属机关工作的经历,也可视为基层工作经历。基层工作经历计算时间截止到 2020 年 10 月。

现役军人、在读的非应届毕业生、在职公务员和参照公务员法管理的机关(单位)工作人员,不能报考。

因犯罪受过刑事处罚的人员、被开除中国共产党党籍的人员、被开除公职的人员、被依法列为失信联合惩戒对象的人员,在各级公务员招考中被认定有舞弊等严重违反录用纪律行为的人员,公务员和参照公务员法管理的机关(单位)工作人员被辞退未满 5 年的,以及法律法规规定不得录用为公务员的其他情形的人员,不得报考。

报考者不得报考录用后即构成《中华人民共和国公务员法》第七十四条所列情形的职位,也不得报考与本人有夫妻关系、直系血亲关系、三代以内旁系血亲关系以及近姻亲关系的人员担任领导成员的用人单位的职位。

(2)招考流程

各招录机关的招考人数、具体职位、考试类别、资格条件等详见《中央机关及其直属机构 2021 年度考试录用公务员招考简章》(以下简称《招考简章》),报考者在 2020 年 10 月 14 日后可以通过中央机关及其直属机构 2021 年度考试录用公务员专题网站查阅。本次考试主要采取网上报名方式,按照以下程序进行:提交报考申请;查询资格审查结果;查询报名序号。通过资格审查的报考者,在规定时间内登录考录专题网站进行网上报名确认并缴费、打印准考证。

本次考试在全国各直辖市、省会城市、自治区首府和个别较大城市设置考点。报考者应当按照准考证上确定的时间和地点,同时携带准考证和本人有效居民身份证(与报名时一致)参加考试。

笔试阅卷结束后,由中央公务员主管部门研究确定各类职位笔试最低合格分数线,对西部地区和艰苦边远地区职位、基层职位和特殊专业职位等,将予以适当倾斜。

中央公务员主管部门根据《招考简章》中规定的面试人数与计划录用人数的比例,按照笔试成绩从高到低的顺序,确定各职位参加面试和专业能力测试的人选,并在考录专题网站上公布。

招录机关负责面试和专业能力测试工作。面试和专业能力测试结束后，招录机关通过考录专题网站发布报考者的面试和专业能力测试成绩以及综合成绩，按照综合成绩从高到低的顺序，确定进入体检和考察的人选。

体检和考察结束后，招录机关根据综合成绩、体检结果和考察情况等择优确定拟录用人员，并在本部门网站和考录专题网站上公示。公示期满，对没有问题或者反映的问题不影响录用的人员，招录机关办理备案手续。

招考期间出现空缺的职位或者招录机关由于新增用人需求需要及时补充人员的职位，将面向社会统一进行补充录用。补充录用公告、职位及相关事宜，通过考录专题网站发布。

2. 事业单位

事业单位是指国家设立的公益性质的机构，不属于政府机构。一般情况下事业单位主要是从事医学、教育和文化等方面工作。部分事业单位由国家予以补助。按补助的方式，事业单位分三类：一是全额拨款事业单位，如学校、科研单位、疾病预防控制中心等，其人员费用、公用费用由国家财政提供；二是差额拨款事业单位，如医院，人员费用由国家财政拨款，其他费用自筹；三是自主事业单位，国家财政不拨款。

事业单位考试流程如下：

事业单位考试由各用人单位的人事部门委托省级和地级市的人事厅局所属人事考试中心进行，由考试中心命题和组织报名、考试，并交用人单位成绩名单，部分单位自行命题组织实施。目前尚无全国和全省、市统一招考，最多县级各个单位统一招考，一般大规模的招考采取网络报名，招录人数少的则采取现场报名。

一般情况下招考公告发布在省、地级市的人事厅局所属的人事考试中心的网站上。招录流程通常为个人报名、单位初审、资格审查、笔试、面试、考核体检、签订合同，具体内容可通过各地人事考试信息网查阅。

经考试、考核、体检合格的拟聘用人员，公示 7 日无异议的，由聘用单位或其主管部门提出聘用意见，报人事厅备案。符合聘用条件的，由人事厅发放《事业单位招聘人员通知书》，凭《事业单位招聘人员通知书》办理调动、派遣等相关手续，双方按规定签订聘用合同，确立人事关系。

受聘人员按规定实行试月期制度，期满合格的正式聘用，不合格的解除聘用合同。试用期一般不超过 3 个月；情况特殊的，可以延长，但最长不得超过 6 个月。受聘人员为大中专应届毕业生（含择业期限内）的，试用期可以延长至 12 个月。

3. 选调生

选调生是有关部门有计划地从高等院校选调品学兼优的应届大学本科及其以上毕业生到基层工作，作为党政领导干部后备人选和县级以上党政机关高素质的工作人员人选进行重点培养的群体的简称。可以将选调生理解成一种特殊的干部身份。选调生分为中央选调生、定向选调生、非定向选调生三类。

选调生的选拔采取本人自愿报名、院校党组织推荐、组织（人事）部门考试考核相结合的办法，资格审查贯穿招录工作全过程。考试报名采用网上报名的形式，报考人员在规定时间内登录各地人事考试网进行网上报名，其中中央选调通知一般直接发到目标高校。选调生的招录流程、时间与国家公务员招录基本一致。考试分为笔试和面试，考查应试人员的综合素质和发展潜能，面试由各市委组织部组织。

（1）选调条件

①有志于从事党政工作并有发展潜力的优秀学生。

②必须通过选调生录用考试。选调对象需事业心和责任感强，志愿到基层工作，身体心理健康，能适应基层工作需要，勤奋敬业，乐于奉献。

③中共党员（含预备党员）。

④全国普通高校国家计划内统招、全日制大学本科以上学历的应届毕业生，学习成绩优秀，基础知识扎实，能如期毕业并取得相应的学历学位证书。2011 年来，部分省份参加基层服务项目、符合选调生条件的往届高校毕业生（如大学生村官，"三支一扶"人员等）也可以报考。

⑤本科生须是校级以上"三好学生""优秀学生干部"或者二等奖以上"优秀学生奖学金"获得者，研究生须是校级以上"三好研究生""优秀研究生干部"或者"研究生优秀奖学金"获得者。

⑥参加基层服务项目、符合选调生条件的往届高校毕业生（如大学生村官、"三支一扶"人员等）报考，年龄方面各省份一般适当放宽。

（2）发展方向

选调生主要是作为党政领导干部后备人选和县级以上党政机关高素质的工作人员人选来培养的。我国干部队伍中，许多年轻有为的领导干部和相当一部分高级党政干部都是选调生出身。选调生入职后，通常会参加一定时间的基层锻炼。

拓展阅读

"云端见"找好工作！

人民网大学生就业服务平台@874 万高校毕业生

（来源：人民网，2020 年 2 月 26 日）

每年 3 月、4 月都是高校应届毕业生春季招聘的黄金期。一场突如其来的疫情，打破了今年"春招"的正常节奏，也让很多面临毕业求职的大学生纷纷感叹："我太难了！"

教育部数据显示，2020 届高校应届毕业生将达到 874 万人，创历史新高。日前，人社部、教育部等五部门也联合印发通知，鼓励高校和用人单位利用互联网进行供需对接，实行网上面试、网上签约、网上报到。目前防控疫情进入关键阶段，为助力保障毕业生平稳顺利找到好工作，人民网通过人民智云 App 推出大学生就业服务平台，为企业与高校提供"云端见"一站式就业对接服务，以有效纾解企业用工荒与高校毕业生求职难的困局。

人民网大学生就业服务平台提供"一键通""空中宣讲会""云互动"等特色信息服务。"一键通"将全面立体呈现企业招聘需求、品牌文化等，并"直达"企业简历填报和接收系统，为大学生就业求职提供一站式服务，帮助高校毕业生第一时间掌握最新的招聘信息。平台将充分利用 5G 技术，实现跨地域高清直播，为企业、高校、行业、地区提供"空中宣讲会"专场服务。毕业生不出门即可参与宣讲会，并与企业招聘负责人实现"云互动"。目前平台可提供单场超 10 万人同时在线的"空中宣讲会"直播，并根据各地需求，同步直播多个"空中宣讲会"。

此外,平台还将充分发挥人民网媒体传播矩阵优势,广泛宣传和助推就业资源对接,联动企业、高校及地方政府,在特殊时期进一步助力大学毕业生顺利就业。

(作者:佚名)

思考与练习

1. 就业渠道信息来源有哪几种?
2. 国家基层就业政策的优势在哪里?
3. 初步制订个人的就业规划。

第三节　就业前的心理素质准备

名人格言

人生·工作的结果由思维方式、热情和能力这三个要素的乘积决定。其中,能力和热情分别可以从零分打到一百分,因为是相乘关系,所以与自以为能力强、骄傲自满、不肯努力的人相比,那些认为自己能力平平,但比任何人都努力的人,反而能够取得更为出色的成果。

——稻盛和夫

案例导入

我到基层写未来(倾听)——三个大学生的就业故事

(来源:人民网,2018年6月6日,有改动)

又到一年毕业季。站在就业的十字路口,你会选择到基层吗?到乡镇一线就业、到西部基层奋斗、到中小微企业成长,你愿意吗?越来越多的大学毕业生，用实际行动作出了回答。他们潇洒作别旁人眼中的"康庄大道"，投身基层扎入"成长沃土"，在扶贫一线、在黄土地上、在小微企业中，挥洒汗水，不负青春，成就自己的精彩人生。

扎根基层充分展才能

"努力把工作做好，让自己更成熟，让这片土地更美好。"

记者联系到黄世芳时，他正在村里忙着协调预脱贫检查核验，直到很晚才有空交谈。

黄世芳是北京大学2017届优秀毕业生。去年硕士毕业后，他来到广西百色市德保县城关镇党建办工作，目前主要协助开展扶贫攻坚工作。

入职后，很多人问黄世芳最多的问题就是：为什么来这儿工作？

黄世芳坦言，他毕业后曾有去广州某知名企业工作的机会，但最终还是选择了回到家乡广西基层工作，他认为丰富人生经历，未来才有更多可能，更值得拼搏和期待。"在大城市，工作软件硬件设施好，收入也多，但是理性地想想，自己能施展的空间不一定大。"

谈及职业选择和个人发展空间，黄世芳表示："广西的就业渠道和职业选择面这些年有很大的改善，现在对人才的需求越来越大，施展才能的专业领域也更广阔。跟我一起来广西的同学都觉得，对人才的精心培养是最重要的，个人发展有保障，才能安心扎根基层。"

选择回到家乡的基层工作，亲友们是什么看法呢？"有乡亲不理解，问我研究生毕业之后在乡镇工作，每天处理各种琐碎的事，走村入户，这么辛苦，值得吗。我从来没想过这个问题，我想得很简单，就是努力把工作做好，让自己更成熟，让这片土地更美好。"

"基层需要更多青年大学生！"黄世芳说，"青年大学生学习能力强，基层需要这样的人才来充实队伍，蓬勃的朝气和干劲是做好基层工作的有力保障。"

[点评]

基层迫切需要学习能力强、有创新意识和一技之长的大学生。大学生也需要到基层锻炼和增强自身能力，发现问题，寻求解决之道。近年来，国家出台一系列优惠政策措施鼓励高校毕业生到基层就业创业,让高校毕业生有足够的时间与空间去找准定位,发挥所长,活出丰富多彩的人生。这正是:生铁成钢需百炼,扎根基层路更宽。

回乡创业种出满山红

"我想改变过去的种植模式,发挥所长,同村民一道致富。"

"一到辣椒成熟的时候,你就可以看到这里漫山遍野的火红色。"很难想象实现 2 000 多亩(1 亩≈666.7 平方米)的种植规模,带着村民创业致富的是个仅 20 岁出头、毕业没几年的小姑娘。这个小姑娘就是范祥灵,3 年前从昆明学院农学专业毕业回到家乡。

范祥灵出生在云南省寻甸回族彝族自治县红果树村,这里海拔高、坡地多,村民们大多以种植玉米、土豆为生。与现在红红火火场景形成强烈对比的,是范祥灵刚回来的时候。2015 年,受到不同农作物的市场变化影响,原本就不富裕的小山村农作物销售陷入困境。"正是因为这样,我决定回家乡发挥所长,看看自己所学的到底能够做什么。"范祥灵说。

在一次乡里的科技培训中,范祥灵第一次接触到了工业辣椒。"村子里主要还是种植传统作物,很多人都不敢冒风险,我想改变过去的种植模式,发挥所长,同村民一道致富。想要改变,就必须要转变观念。"

初生牛犊不怕虎。在家人的支持下,她流转了 20 亩土地来试种辣椒。从育苗到田间管理,短短一年的时间,范祥灵从门外汉成了种植专家。"最开始只想着探探路,没想到第一年就实现了平均每亩产值增长 4 000 多元。"看到发展前景的范祥灵更坚定了创业的决心。

"敢想敢做,性格够辣的。"说起范祥灵,村里人都竖起了大拇指。今年,在村委会支持下,除了红果树村,附近的海尾和兴隆两个村的村民也加入种植辣椒的行列,共同成立了寻甸宏绿辣椒种植专业合作社。

如今,范祥灵成立了自己的公司,还与合作社一起引进了专业化生产烘烤厂房。"要想推动农业结构的调整,就必须不断创新突破,发展新产业,我们要跟紧形势,学好政策,努力尝试,把更多实惠带给乡亲们。"面对未来,范祥灵信心满满。

[点评]

敢想敢做，是村里人对范祥灵的评价。乡村振兴，需要有知识、有能力、有魄力的人才回到基层的土地上耕耘，拉动传统农耕向现代农业转型。辣椒满山红，日子更是别样红。

在小微企业大展身手

"每一天都能看到自己的成长，这种成长又与公司的成长同步，产生一种鼓舞人心的力量……"

从勇于拼闯的"牛犊"，到如今带有 16 人的团队，回顾起自己这两年的成长，白龙感觉像在"坐火箭"。

1990 年出生的白龙，曾留学海外，父母希望他毕业后能进入大企业，找一个"铁饭碗"。然而白龙却选择了拒绝："我想闯一闯，看看自己到底能做到什么样。"

一次偶然的机会，白龙被一家创业公司的新项目吸引了。公司是一家小微企业，主要致力于通过线上线下相结合的方式，把河北坝上地区偏远农村的蔬菜卖到城里去，再把城市已经普及的产品及时卖到有需求的农村。白龙的妻子来自坝上地区，对那里夏季棚产蔬菜的销售状况，他早有耳闻。这个项目让他嗅到了商机，果断选择加入。

在这家初创的企业中，职员并不多，由于表现出色，白龙很快被负责人当作骨干人才培养，时常受到公司领导"一对一"的全方位指导，公司里的各项事务他也都有机会参与。"在小企业，你需要成为一根链条，把很多关节都串联起来。因而你必须成为一个多面手。"白龙说道。

两年的时间里，白龙在公司担任过采购、会计，甚至兼任过运货司机，如今已经成为分公司的总经理。企业也发展成为拥有 21 家线下超市的公司。

尽管总公司的规模依旧不大，但是对于白龙而言，这种发展已经是意义非凡。"每一天都能看到自己的成长，这种成长又与公司的成长同步，产生一种鼓舞人心的力量，让你不断进取。"

如今，白龙正在积极推动与北京市场对接，将坝上地区夏季的蔬菜和当地的特色产品直接发往北京销售。"这里的市场更大，前景更广阔。张家口和北京因冬奥而联结,希望我们公司也能成为两地间的一根丝线。"白龙幽默地说。

[点评]

在资金、政策的支持下,一批极具市场潜力的科技创新型小微企业如雨后春笋般成长起来,成为年轻人发挥创意、实现理想的又一选择。小微企业对于就业者而言,往往能起到更加全面的锻造作用,让年轻人经受磨砺、成长成才。

(作者:刘佳华、李茂颖、史自强)

对大学生来说,就业就意味着告别学生生涯,进入社会、走进职场。面对就业,大学生的心理是复杂的。一方面,他们会因为即将踏入社会,施展才华、实现自我理想而高兴;另一方面,他们也会因为担忧前途、担心工作不理想而患得患失。大学生只有具备良好的心理素质,能够适应环境变化,才能更好地投入社会竞争和实际工作中。因此,每一个大学生都应该在就业前做好充足的心理素质准备,培养良好的心态,以便顺利地迈向社会,开始新的人生阶段。

一、就业前的心理素质准备

(一)完成角色转变

就业专家认为,高校毕业生的总体素质较高,但在人际沟通能力、团队合作意识等方面有所欠缺,表明他们从"学生"向"社会人"的转变还需过程,体现在以下几点:

①具备基本求职技巧,但技巧不到位;

②未来预期高,实际计划少;

③"自我"意识强,团队精神较弱。

从以上几点可以看出,大学生在就业前要完成角色转变、适应社会,就要自觉调整个人意愿和社会需求之间的矛盾和反差,避免理想主义,应该根据个人和社会的综合情况设定就业期望值,要以社会的要求为准绳,把社会需要作为出发点,进而选择自己的职业、岗位并做好职业规划;大学生可通过参加一些有针对性的社会实践活动,提升个人的人际交往能力,提高团队意识等。

角色转换是一个困难的过程，有些大学生在角色转换的过程中仍然留恋学生时代，不能踏实地定位自己，目标游移，以致事倍功半。因此大学生在角色转换的过程中，应该改变不切实际的作风，虚心学习，吃苦耐劳；应该善于观察、勤于思考，不断地发现问题、解决问题。总之，大学生应该充分认识到角色转换的重要性，在进入社会前完成由学生角色向职业角色的转变。

（二）主动参与竞争

竞争意识强是大学生就业前应具备的基本的心理素质。2020 年的新冠肺炎疫情，无疑给各行业重重一击。为缓解危机，许多企业减少了招聘人员数量，开始进行不同规模的裁员，不少企业甚至宣布倒闭，就业形势较为严峻。

职场无情，工作不易，大学生只有不断地提升技能，让自己更加优秀，才能在众多求职者中脱颖而出。因此大学生必须增强主动竞争意识，破除"等、靠、要"的心理，积极地参与求职竞争，在竞争中发挥自己的优势并认识自己的不足，从而不断地超越自我，更好地迎接挑战。

（三）正确对待挫折

广州大学社会学教授谢建社在对毕业生就业心理进行调查时发现，现在的大学毕业生一般在 21 岁左右，处在这个年龄段的青年，爱幻想、好冲动、自我意识强，虽然生理发育成熟，但心理与生理具有不同步性。一些心理素质差的大学生在毕业就业时可能受到一点挫折就陷入不知所措的状态中，更有甚者会觉得生活没有意义，产生心理疾病。因此，面对繁杂多变、竞争严峻的社会，大学生应注意调整心理状态，认识到就业过程中遭遇失败和挫折的可能性，做好面对求职挫折的心理准备，在求职过程中，积极地把茫然焦虑转化为动力，结合现实调整自己的就业观、提升自我以适应社会和用人单位的需要，努力寻找就业机会。

（四）树立正确的择业观

如今，社会行业形态变化快，职业选择也越来越多，有人喜欢稳定，有人热爱拼搏。大学生应该做好尊重个人选择和尊重社会需求的心理准备，不仅要让自己的能力符合日新月异的社会的需求，也应该随时代发展转变就业观，以理性、科学、多元化的就业观去探索新的行业，寻求多样的就业机会。

大学生在择业时，可以根据个人的职业兴趣、专业特长、实际能力、家庭状况等情况综合考量，在大学期间做好职业规划。理想的就业是选择感兴趣、适合自己、能够充分发挥自身特长的工作岗位；但同时大学生应该了解社会对各种专业人才的需求，要以己所长，择社会之需，明确"求学之道，在于治世"。

面临就业困难时，大学生应该以平常心对待，积极转变就业心态，拓宽就业渠道，提升专业素养和综合能力，适应形势要求，灵活就业，积极投身能够实现自己人生价值的广阔舞台。

（五）培养终身发展意识

国家制度的改革、社会的变革，让就业形势也发生了改变。如今，人才流动的机会越来越多，个人首次择业未成功，还可以有第二次、第三次，乃至更多的择业机会。国家的人才流动制度为大学生提供了广阔的就业平台，因此大学生在择业时，可以不遵循一步到位的老式就业观。

大学生要培养终身发展意识，在择业时更应该看重的是行业的发展潜力、个人能力锻炼的平台和机会。不论就业后担任什么职务、岗位是否与本专业相匹配，大学生都要珍惜机会，在工作中不断提升个人能力，实现自我的最大价值。

择业是一个选择和被选择的过程，大学生应该勇于竞争，不断提升自我，随社会变化不断修正职业意向和就业期望。个人只要具备优秀的职业能力，就有选择的机会，就有施展才华的机会。

二、就业中常见的心理误区

如今，求职大学生逐年增多，社会就业形势愈发严峻，使大学生的就业压力增大。"就业难，求职艰"是多数大学生的心理写照。毕业以后到底该何去何从？由于缺乏对自我的认识和对职场的了解，没有进行合理的职业规划，不少在校大学生在就业抉择中出现了心理问题。

（一）焦虑自卑的心理

世界上许多心理专家都对焦虑有过研究，相关著作众多，比如弗洛伊德的《焦虑进化论》、阿德勒的《焦虑和自卑感》、荣格的《焦虑与非理性的威胁》等。

焦虑是无明显原因的恐惧、紧张，并伴有自主神经功能障碍和运动性紧张。临床上可分为急性焦虑和广泛性焦虑两种。急性焦虑的表现除惊恐外，还有胸闷、窒息感，心跳剧烈、手脚发麻，有要晕倒、要死去的感觉。广泛性焦虑表现为无明确对象的游移不定和广泛性紧张不安、烦躁，患者经常提心吊胆，处于高度警觉状态，容易被激怒，自主神经功能亢进，出现如心悸、胸闷等症状。

心理学研究表明，不同环境下的焦虑的缘由，表面上会因为个体的区别呈现差异性，事实上却具有明显的共性，即我们所有的焦虑，往往都来自对未来的恐惧，我们总是会对自己所不能掌控的事物产生焦虑。其中，典型的代表群体是学生。而面临就业的大学生所产生的焦虑更多的是出于自卑、对自己能力的不自信。

大学生的焦虑往往都来源于对自己未来人生不确定性的担忧。对未来的恐惧，让部分大学生无法确定当下的生活该如何进行。这种往复的担忧会在无形中增加他们的挫败感，让部分大学生产生悔恨心理，自卑感加重，导致焦虑感加重。

其实，焦虑虽是一种负面情绪，但万物都有两面性，焦虑会让我们感到不安，也会让我们对未来充满紧迫感，正如表现压力与效率关系的倒 U 形曲线，压力的增加反而会对人产生一些激励作用。适度的焦虑感让大学生能够更好地着眼于当下，正确认识自我，从而做好就业准备，迎接职场生涯的到来。

（二）盲目攀比求高的心理

攀比，就是指不顾自己的具体情况和条件，盲目与"高标准"相比，从而做出不顾客观条件的行为。

攀比是一种常见现象，如学习攀比、工作攀比、学历攀比、职位高低的攀比等，正是社会上有这种不良的攀比风，让很多人陷入迷茫，产生越来越多的负面情绪。

攀比在心理学上被界定为中性略偏阴性的心理特征，即个体发现自身与参照个体发生偏差时产生负面情绪的心理过程。通常产生攀比心理的个体与作为参照的个体之间具有极大的相似性，导致自身被尊重的需要过分夸大，虚荣动机增强，甚至产生极端的心理障碍和行为。

攀比心理是一种狭隘的不健康心理，大学生应该避免产生攀比心理，用冷静理性的心态择业；应该勇敢面对现实，脚踏实地地从力所能及的工作做起，不断积累工作经验和相关技能，朝理想努力奋斗。

（三）实利主义心理

实用主义于 19 世纪 70 年代在美国露头。实用主义的根本原则是把确定信念作为出发点，把采取行动当作主要手段，把获得实际效果当作最高目的。而实利主义就是在这样的思潮中诞生的，"利"成为唯一目标，成为很多人人生价值的评价标准。

当今社会，我们的生活太过功利，我们拼尽全力追求快速、追求实用，却忘了生活的真谛和人生的意义。北大教授钱理群曾在一次座谈会中说道："我觉得我们现在的教育，实用主义、实利主义、虚无主义的教育，正在培养出一批我所概括的'绝对的、精致的利己主义者'。"

部分毕业生在择业时，片面追求高工资、高待遇、高福利，追求生活的安逸，没有考虑自己是否能够在社会有所建树、有所贡献。但是，随着社会的不断发展，人才市场的竞争越发激烈，不思进取、只图个人享乐的人，注定会被社会淘汰。

大学生应树立正确的观念，做好以一颗本真、务实、进取、奉献的心投身于社会工作中，为国家建设、社会发展发光发热的准备。正如钱理群教授所言："真正的精英应该有独立自由创造精神，……要有自我的承担，要有对自己职业的承担，要有对国家、民族、社会、人类的承担。"

拓展阅读

高校毕业季：每一个梦想和选择都值得尊重

（来源：新华网，2020 年 6 月 22 日，有改动）

夏花绽放时，毕业季来临。对于不少应届高校毕业生来说，2020年这个毕业季注定特殊又难忘。

在新冠肺炎疫情冲击下的求职路上，大学毕业生如何"突围"？来听听学生、老师和就业指导部门负责人的心声。

部分学生选择"慢就业"

"还没想好干什么，先不着急""没找到喜欢的工作，不如再等等看"……一些高校辅导员反映，疫情期间不少应届毕业生倾向于选择"慢就业"，观望心态明显，相比之下，"学校和老师比学生还着急"。

山东科技大学大四学生魏羽：今年春招我拿到了一家房地产公司的营销管培生 offer。我以前一直以为自己会进房地产行业工作，大学期间也是按这个目标来设定职业规划，但真正了解后才发现，这份工作并不符合自己的职业理想，而且这个岗位没有安排中秋、国庆等假期，最后还是选择放弃。

我在求职过程中也接触到一些从事新媒体运营、社群运营的工作机会，但觉得其发展前景有限，就拒掉了。我也知道现在就业形势不乐观，但还是觉得一定要找到合适的工作才行。如果一时没有合适的，那我也不想将就，宁愿再等等看。

西南政法大学学生李磊：我从大二开始就决定出国读研，现在已经准备了两年。现在国外疫情严重，出去留学面临安全问题，此外我还听说国外的学校可能会大幅减少录取人数，留学申请可能会受到较大影响。

为了留学，我已经投入了这么多时间和金钱，不可能轻易放弃。现在只能按照之前的规划继续准备，观望下半年国外的疫情变化，再做下一步打算。

周围大多数朋友和我一样是 00 后独生子女，家庭经济压力不大，并没有急着找工作。去年暑假，我因为自己的韩语优势，在一家韩国公司拿到了实习机会，就算不能按时出国，也可以先实习，积累经验。

[记者调查]

从近年的趋势来看，"慢就业"已经成为大学生就业现实的一部分。以重庆大学为例，该校 2019 届未就业的 500 余名本科毕业生中，除考研、考公务员、留学等群体外，还有 5% 的学生完全没有就业意愿。

疫情加重了一些毕业生缓一缓、等一等的想法。国家统计局上海调查总队近日对上海 3 518 名 2020 年高校应届毕业生的调查显示，34.0% 的毕业生选择"慢就业"，其中 90.4% 选择继续深造后就业，9.6% 选择暂缓就业（间隔一段时期再就业）。

［专家点评］

重庆大学党委副书记王旭：毕业生的就业观望情绪，需要分类看待。有的学生考虑暂缓就业甚至不就业，是觉得家里可依靠，可以慢慢选择，这属于正常现象；还有的学生缺乏清晰的职业规划和职业选择，在面临求职考验时感到迷茫、遭遇挫折，这其中有不少是特殊困难学生，他们存在性格内向、自信心不足、就业主动性不强等问题。这就需要我们给予更多的关心和引导，开展针对性的求职技巧指导和心理辅导，同时对特殊困难学生，可加大经济补助和专项支持力度，帮助他们更好地就业，走入社会。

疫情下的心态更"求稳"

"首选公务员啊……"记者在调查毕业生就业意愿时，听到许多这样的回答。

北京大学硕士毕业生唐昕：突如其来的疫情，对我最大的影响可能是改变了我的职业规划。去年秋季招聘时，我就已经拿到心仪公司的录取通知，留在北京的互联网企业从事产品运营工作。但这次疫情对互联网企业的冲击不小，为了稳定，我还是决定回老家考选调生。家里人挺支持的，他们也盼着我成为公务员。

平时我和一起找工作的同学交流，许多人和我有同样的顾虑，变得更倾向于去相对稳定的国企、事业单位工作，哪怕收入低一点也愿意。

新疆大学大四学生杨介峰：之前想去一些市场化的传媒平台锻炼能力，现在我更偏向于进入国企或者事业单位，先站稳脚跟再说。

［记者调查］

智联招聘的一项统计显示，目前就业市场上的工作岗位，大部分还是由民营企业提供，且以中小型企业为主。但从应届毕业生的求职意愿来看，一半以上学生首选国有大中型企业、事业单位，仅有不到四分之一的学生期望进入民营企业。这就使得工作机会的供需错位，存在明显的结构性矛盾。

［专家点评］

智联招聘重庆分公司总经理康怡：一些毕业生和家长倾向于选择

"铁饭碗"，这完全可以理解。但毕业生也应该认识到，理想的就业并不是非考取公务员或进入国企、事业单位才行，关键是选择适合自己、能够充分发挥自身特长的工作岗位。其实，就业市场的"冷"与"热"是相对的。试想，大家不分专业和特长，一股脑儿奔向热门单位，导致供求比例严重失衡，"热"也变"冷"了。在这种情况下，大家尤其需要冷静，"适合自己的才是最好的"。

"逆袭"好，先找点事做做也不错

也有一些毕业生主动作为，有的在求职赛场上"超车"逆袭，有的勇于挑战自我，自主创业，在这个就业季里留下浓墨重彩的一笔。

西南大学宁夏籍公费师范生王艳：我是公费师范生，毕业后想回家乡宁夏当老师。因为往年宁夏的教师招聘工作开始得就比较晚，今年又受疫情影响推迟到 3 月底才出通知，我挺着急的。再加上自己面试经验比较少，年初试着给其他岗位投了两次简历，都在面试环节败下阵来。我一边沮丧不已，一边又觉得不服气，觉得自己的真实水平没发挥出来。

这时候要感谢伸出援手的同学们。知道我面试失意，三位同学主动分享她们自己的线上求职经历，还找来赛课视频的资源，帮我打磨简历。我把录制的备课视频上传到 B 站（哔哩哔哩网站），她们看完后给出意见：眼神躲闪，显得不够坚定和自信，课程设计缺乏亮点，建议增加课堂互动、控制好每部分的教学时间……

为了模拟真实的面试场景，由同学们充当"考官"，我则随机抽题、备课 30 分钟，之后进行视频通话试讲。几轮试讲下来，我的讲课越来越流畅，也比之前更加自信和大方。4 月中旬，我终于顺利通过面试，并取得第一名的好成绩！功夫不负有心人，我是真的体会到了。

西南大学大四学生何洁：因为很早就准备出国读研，我之前就拿到了英国布里斯托大学、曼彻斯特大学的 offer。疫情发生以后，身边很多小伙伴都面临出国留学可能延迟的情况，大家心里都有点慌。怎么办呢？我想着急也不是办法，万一不能按时出去留学，不如先在家乡长沙这边找点事做做。

今年 3 月，我和几位好朋友一起成立了传媒工作室，大家根据专业进行分工，其他合伙人承担技术方面的工作。我作为新手主要负责市场文案以及编导。

万事开头难，工作室成立后承接的第一个业务就是拍摄一个汽车品牌的车友会。当时我们的资金有限，很多设备一开始都是借用的，人手也不够用，我们制作的宣传片后期改了很多次，才终于达到客户要求，赚到了第一桶金。此后局面逐渐打开，工作室又揽下了长沙一家旅游公司的短视频业务，偶尔也接一些公司会议、婚礼、团建等跟拍项目，生意越来越多了。

最近工作室拍摄了长沙一所外国语学校的宣传片，短片和拍摄花絮在短视频平台上的点赞量超过 20 万，我开始有成就感了。我和小伙伴们商量，想把这份事业一直做下去。

[记者调查]

今年以来，各地新出台多种帮扶措施，鼓励大学生投身"双创"。重庆实施"优创优帮"在校大学生创业扶持计划，每年择优遴选 30 个项目，提供立项资金并安排导师跟踪帮扶 1 年；青岛对创业大学生除了提供一次性创业补贴，还允许申请最高 45 万元的创业担保贷款，并享受 3 年全额贴息。

随着鼓励大学生创业的各类利好政策持续出台，应届毕业生对创业的信心正在逐渐提升。重庆大学 2019 届毕业生中有 48 人选择自主创业，创办了 20 多家微企，创业领域包括互联网 App 开发、电子产品销售、文化艺术表演等。

[专家点评]

西南大学党委副书记潘洵：危机中育有新机，奋斗者终有所获。有想法有条件的同学们可以自主创业，把握新时代创业就业的政策机遇；求职受挫的同学也不能气馁，要保持积极进取的心态努力提升自我，在人生赛场上取得更大的主动权。

鼓励大学生创业，也应加大对高校创业园、环大学创新生态圈和积极吸纳高校毕业生的中小微型创业平台的支持力度，鼓励各类市场和社会力量投入资源，带动更多高校毕业生勇于在市场中搏击，危中寻机创新创业。

（作者：张桂林、柯高阳；参与采写：吴燕霞、杨仕彦、黄佳艺）

思考与练习

1.根据拓展阅读的内容,小组讨论各自的就业观。

2.采访已就业的师兄师姐,了解他们的择业情况,结合他们的择业建议,思考自己就业前应该做好哪些心理准备。

3.调查采访三名本班同学,了解他们的就业心理,并分析如何调整求职就业中的不健康心理,提高求职成功率。

4.小组讨论:面对就业压力,有哪些调节心理情绪的方法。

第二章　提升自我认知，确立职业目标

学习目标

1. 了解自我概念，提升自我认知。
2. 认识和培养兴趣，了解自身能力。
3. 在对自我了解的情况下，发掘自身优势，制订职业生涯规划。

学习建议

1. 邀请心理学专家以班会或讲座的形式进行辅导。
2. 邀请优秀毕业生来班级座谈。
3. 填写调查问卷表，参加专业心理测试，对自我有一个新的认知。

第一节　自我探索和自我认知

名人格言

世界上最重要的事就是认识自己。

——蒙田

案例导入

2020 年，人生需要纵身一跃（节选）

（来源：新浪财经，2020 年 10 月 21 日，有删改）

对现在的工作不满意的人，多得超出你的想象。

让人产生"受不了了，我一定要辞职"的念头的，也不一定是什么了不起的大事，成年人的崩溃往往来得很简单。

"项目完成，看到同组的同事兴高采烈我却毫无波澜，意识到自己根本不爱这一行"；"发现空降的上司比自己小一岁，感觉职业前途渺茫"；"加班到很晚打开外卖软件找不到一个想吃的，发现公司周围的消夜早就被我吃尽了"……

跳槽的念头就这样在一次次微小的崩溃中酝酿。然而真正跳槽又谈何容易，从找工作到拿 offer 步步都是坑，也有些人在拿到 offer 后又犹豫了，因为不知道新工作到底是不是自己的理想工作。

不少人就在犹犹豫豫之中蹉跎，直到那个纵身一跃的契机到来。对于一些人来说，这个契机不偏不倚，就和 2020 年的职场至暗时刻一起到来了。

书念到头了，可我寸步难行

去年刚上研究生一年级的秦昊，就感受到了求职的压力和内卷的可怕。

在过去的 5 年里，我国研究生入学人数逐年增加。2019 年全国研究生硕士招生人数达到 72 万人，创下历史新高，而一两年后，这 72 万人将和秦昊一起竞争为数不多的校招岗位。

从小就是"别人家孩子"的秦昊在这 72 万人中也属于上游。

2019 年，秦昊被保送进入中科院资源与环境学院就读地图学与地理信息系统专业。资源与环境学院是中科院新兴的基础学院之一，有全国最好的导师和学术资源。然而今年年初的疫情让他不得不离开实验室待在家里，也开始重新反思自己过去五年蒙眼狂奔的学术经历。

"一天到晚写代码其实挺抑郁的。"秦昊回忆起自己疫情期间的生活。课程作业全部是需要写代码的大作业,他对着电脑心力交瘁。不能出门,他每天都闷在家里,食欲也开始减退。"有人会觉得,好不容易到一个专业顶尖的学校做研究,你的导师都是院士,师兄师姐都是大牛,你好像就该顺其自然地跟着他们走,"秦昊说,"但是人和人是不一样的,我发现做科研时我不会收获和他们一样的成就感和幸福感。"

绝望之中秦昊开始四处投简历,希望能找到别的出路。

然而想要从研究员的身份跳出来去找别的工作并不容易。今年年初,秦昊终于拿到一个产品经理的实习面试机会,但 HR 张口第一个问题就是他之前有没有做产品经理的经历。"就像一个死循环,如果你没做过产品经理,就没法找到产品经理的实习。"想到自己石沉大海的简历和不断碰壁的面试,秦昊夜里经常失眠到凌晨三四点。

找工作难是一方面,在理想和现实间犹豫不决是另一方面。"到底该不该放弃学术?"秦昊有时候会想,"念书已经念到最好了,为什么还是寸步难行?"

就在最迷茫的时候,秦昊在领英上做出了一次尝试。他参与了一项名为"职场人时间捐赠计划"的项目,向系统为他推荐的职场导师之一———领英中国总裁陆坚发起了求助。

"职场人时间捐赠计划"最初于今年 3 月在领英平台上线,针对今年大学生就业的问题,为毕业生搭建了一个与目标领域资深职场前辈精准连接的窗口。截至 7 月已经有超过 1.3 万名来自海内外各行业的职场人注册成为职业导师,累计为超过 1 万名大学生提供了职业辅导,包括分享行业趋势、职业规划、技能提升办法等。

"你做技术的时候会很快乐吗?你身边工作的人都是什么样的?"秦昊第一次给陆坚发站内信时其实并没有期待回复。秦昊和陆坚有很多相似之处,他们都是软件工程师出身,甚至连研究方向也都是图像处理。

没想到陆坚真的回复了秦昊,并且和他进行一对一谈话,讲了自己从技术岗转管理岗的过程,还鼓励秦昊勇敢变换赛道。陆坚告诉秦昊,一直做算法研究的人对数据会非常敏感,做市场做产品都会很有优势。"如果你是一个职场小白，听到一个职位很高的人对你说这样的话，心中自然会有一些波澜，对吧?"秦昊说。

于是秦昊决定全力冲击产品经理的岗位。在一家清华校友创办的创业公司里，秦昊凭着自己的学术背景找到了第一份产品经理的实习，之后，他又转至滴滴国际化部门负责巴西的业务。

"原来你可能只是心里有颗种子，但是如果有一个高人点了一下，说你有这样的潜能，这颗种子就能发芽长大。"秦昊说。

从我被"视频裁员"说起

吴梦在今年4月遇到了传说中的"视频裁员"。

今年上半年，不少公司受到疫情冲击，开始裁员。在居家办公期间，一些公司受场地限制选择开视频会议宣布裁员决定。3分钟，1句话，很多人连公司的门都没摸到，饭碗就丢了。视频前后两重天，职场就是这么残酷无情。

在接到老板电话前，吴梦是一家著名旅游科技公司的公关经理。公司企业文化好，待遇高，假期也多，工作地点在香港，是一份"慢条斯理养尊处优的甲方工作"。

吴梦对裁员不是没有准备。在疫情刚刚开始的时候，旅游业就成了受打击和影响最沉重的行业。那时吴梦从香港回到山东老家过年，被困在内地无法回去，公司突然就宣布要精简公司架构。

吴梦还记得，视频打来的时候自己刚刚休完复活节假期，在国内玩了一大圈。复工第一天便在视频会议上接到裁员通知。一瞬间，吴梦大脑一片空白，心悸的感觉三四个小时后才平复下来。摆在眼前的是一个大问题:8月香港工作签到期，航班也不知何时恢复，疫情期间工作机会紧缩，要在这个节骨眼上找到工作实在是太难了。

在那之后，吴梦陷入了长达5个月的苦战。

"找工作太久，人就开始做一些迷信的东西。"吴梦说。如果哪天面试表现好，在接下来的面试里吴梦就会反复穿和那天一样的衣服，希望能延续好运气。在参加《南华早报》视频面试那天，吴梦上身穿了一件鲜绿色的衣服，下身"随便穿穿也没人看得到"。

生机勃勃的上衣配着暗淡的居家裤，就像吴梦求职生活的两面。

转折出现在那天早上，《南华早报》招聘 Content Strategist 的信息出现在吴梦的 Alert 里，类别是 reporter。这个职位隶属于《南华早报》的品牌内容策划部门 Morning Studio，需要兼具公关的策划创意、销售的商业嗅觉、记者的新闻敏感和数据分析能力。在工作内容上可以盘活自己过去的工作经验，在行业上又圆了自己的新闻梦，简直是最合适的工作。于是吴梦毫不犹豫地投了简历，这份工作也选择了吴梦。

在终于拿到 offer 后，吴梦才知道，这个职位有将近 300 个申请人，而她因为过硬的职业技能脱颖而出。

求职期间，吴梦每投一份简历就建一个文件夹，每一个文件夹里都有为这份工作专门准备的简历，在找到工作的那天，她看了一下，自己一共有 44 个文件夹。

现在的吴梦终于能在自己喜欢的新闻媒体机构工作，也顺利地留在了香港。回顾被裁员的经历，她觉得这反而是一次难得的机遇："在做公关时，我时常觉得自己做的事情有悖于心目中的新闻业，我做得不快乐。所以我觉得这可能是职业生涯的危机给我的一次回馈吧。"

35 岁之后，我决定做自己

雅婕的职场经历，简直就是一帆风顺的标本。

2006 年，雅婕大学毕业后就加入了玛氏做管培生，轮岗几次后稳定在了 marketing 的工作岗位，之后她加入葛兰素史克，一路升至中国区市场总监。

幸福的家庭、有成就感的工作，一切似乎都恰到好处。但只有雅婕自己知道，自己就像在轮子里不停地旋转，靠着惯性往前狂奔，想停下来都很难。雅婕回忆自己的工作状态："连续不断的策略计划赶着人往前走，大会、小会、会前会构成了生活中判断时间的坐标。你做的事似乎很重要，似乎又一点也不重要。"

随着职位的升高，雅婕承受的工作压力也越来越大，"有时候看着公司里的年轻人越来越多，也会想自己的身体还能再熬多长时间。"一种危机感总是提醒着她：可能到 40 多岁，我就会从公司被动消失。

没想到身体的警报很快就出现了。

身体出现问题时正是雅婕的爬坡期。那段时间她在带团队，一个人要干很多人的活，整个人都绷得紧紧的。在工作的间隙雅婕去按摩放松，按摩师突然建议她去医院做个检查，因为"你这里摸起来有点不对"。雅婕抱着休息休息的心态去了医院，没想到被医生直接要求做手术。

"当时的感觉就是五雷轰顶。"雅婕说，一路狂奔的生活突然就被按下了暂停键。

在病情面前，雅婕开始重新思考自己的人生下半场。"我想要改变，做更有价值的事情，能够有利于他人，也有利于自己。我还想要更多自由的时间可以陪伴家人，有留白让我自我成长，"雅婕说，"我需要的不仅仅是一份工作。"

2019 年 12 月，雅婕终于辞掉了在上海的高管工作，回到家乡成都加入了泰康人寿集团。利用自己过硬的金融背景和在外企的工作经验，雅婕在新公司顺利转型。

在强大的命运面前，最好的选择就是如水一般顺势而行，接受它，拥抱它，把它变成自己的一部分。雅婕说："这是撤退吗？这也是一种前进。"

在 2020 年，很多人想通了，决定放生自己；也有很多人在最黑暗的时刻触底反弹，扭转劣势为新的机遇。

秦昊如今已经实现了从科研员到产品经理的转型，成为技术硬核的产品经理；吴梦已经回到香港入职报社，过去 5 个月的求职噩梦变成了一段刻骨铭心的励志回忆；雅婕有了更多自由的时间，再也不会缺席女儿成长的过程，也找到了延长职业寿命的出路。

在这个世界上，理想的工作并非只是一个存在于脑海中的"理想"，它可能隐藏在你职场路上的某一个转角，可能来自一次痛苦的挫折，也可能来自你与他人的真诚沟通，只需要你在前行的路上不断变换视角，不断地努力平衡和积极寻找。

（作者：佚名）

面对庞大的就业市场、众多的就业岗位，在用人单位和大学生双向选择的情况下，大学生应该结合自身情况和岗位要求，从职业需求的角度对自我进行分析和评价。因为，大学生只有深入地了解自我，有清晰的自我认知，明确自己喜欢什么、可以做什么，才知道努力的方向，才能够在求职前做好充足的准备，提高求职成功的概率，在未来的工作中施展自己的才华，实现人生的价值，为社会发展贡献一己之力。

一、自我概念

自我概念，是个体对其存在状态的认知，包括对自己的生理状态、心理状态、人际关系和社会角色的认知。

1890年，美国心理学家詹姆斯最早提出自我有两个不同的方面，即主体我（I）和客体我（me）。"主体我"是一个执行者，有一定的功能，如控制冲动、计划未来、控制自我表现的方式。"客体我"是被观察和感知的对象。当一个人的注意力集中在自我上时，他看到的是"客体我"，"客体我"作为一个对象，表征在人们的自我概念中。个体的自我概念并不是对现实像镜子式的简单反映，而是包括大量有关信息的整合和组织，如对他人和世界的印象。

自我概念的来源是他人对自己的印象和评价以及在与他人交往时他人对自己的反应。虽然在人的一生中自我概念是变化着的，但它的基础在人幼年时就形成了。人从经验中形成自我概念，已经形成的自我概念反过来又影响人未来的经验。

（一）自我概念的形成与发展

1. 生理自我

这是自我概念的原始形态，主要是个体对本我生理的认识，对自我躯体的认识，包括占有感、支配感与爱护感等，使个体认识到自己的存在。生理自我始于出生8个月左右，在3岁左右基本成形。"你"和"我"的概念在这个时间段被自然区分出来。

2. 社会自我

大致从3岁到14岁，此期间社会自我处于自我的中心，人能够了解社会对自己的期待，并根据社会期待调整自己的行动。这个时间段影响着人一生在社会关系中对自我的判断，人对社会的认识都产生于这个时间段，人会产生最初的自尊、自卑、自信，产生自我对社会的判断，同时根据自我判断以及社会反馈来调节自我。人在这个阶段的反应和情绪变化，对之后的人生有着重要的作用。

3. 心理自我

这个阶段持续 10 年左右，大约从人的青春期到成年。在这个阶段，个体能觉察和调节自己的心理活动及其特征和形态，并根据社会需要和自身发展的要求调控自身心理和行为。如果说自我概念在青春期形成，那么修正青春期的叛逆以及做出对社会的客观反馈应该就在这个时间段完成。在这个时间段里，大部分人会做出人生的重要选择，这些选择越来越偏向于是自我独立判断的结果，每种选择所要承担的责任和后果都不同，而选择之后的社会反馈和自我认知对后面的人生道路又有着不同且重要的影响，因此这个阶段是决定自我未来发展的关键。

由于自我概念的发展，个体开始逐渐脱离对成年人的依赖，表现出主动和独立的特点，强调自我价值和自我理想，特别重要的是发展了自我概念中的两个主要成分：自尊和自信。自尊和自信的发展，无论对社会、家庭，还是自我，都是非常重要的。大学生就业，首先就得面对用人单位的入职考核，做好心理建设、自信地应对考验，在求职中十分重要。

（二）自我概念形成的因素

1. 儿童时期的生活经验

幼年时期，"我"的概念是十分模糊的，对于自我的概念仍在摸索中，因此，这段时期的生活经验对人的影响就非常重要。

2. 年龄

随着年龄的增大，人的心理会越来越成熟，自我概念也会逐渐变得客观。年龄越大，越能"自我知觉"，对环境越具有主导性和客观性判断。生理和心理的成熟可以帮助一个人在自我概念的发展上取得正面效应。研究发现，早熟的孩子更有自信，适应能力越好，越能够获得他人的好感和正面评价。

3. 文化背景和社会环境

文化是相对于经济、政治而言的人类的全部精神活动及其产品。文化是由人所创造、为人所特有的，人又会受到文化的影响。所处环境整体文化水平的高低明显影响一个人对自己的评价。来自总体文化水平较高区域的人，通常会表现出安全感、自信乃至优越感；而来自总体文化水平偏低区域的人，通常会对环境表现出不安全感。

社会环境也是影响自我概念的重要因素。研究表明，一个人接触的环境越丰富,其身心各方面的发展就越好。人处于不同的环境会产生不同的经验,环境类型接触越多的人会越有安全感。

4. 性别

在人类社会发展历程中,男性一直是获取生存资源的主要力量。社会对男性的要求一般包括学历、财富、地位等,而对女性的要求则更多地集中在修养、道德等。因此,历史上男性常常以一种较强的自我概念来面对挑战,而女性则以一种温和的自我概念来适应环境。

二、自我认知

心理学上的"自我认知"是一种意识状态,包括认知自己的价值观、人生方向和目标,认知自己的性格特征,认清自己的优势和劣势,觉察自我的情绪变化、原因等。

自我认知包括自我观察和自我评价。自我观察是指对自己的感知、思维和意向等方面的觉察;自我评价是指对自己的想法、期望、行为及人格特征的判断与评估,这是自我调节的重要条件。

荣格说:"你的潜意识会指示你的人生,而你称其为命运,除非你能意识到你的潜意识。"为了提升自我认知、让自我成长,大学生应该清晰地认识自我的意愿和能力,只有对自己的情绪、行为、信念、价值观等方面有深入、完整的了解,才能定义自己的样子。

(一)如何进行自我认知

1. 客观的自我评价

自我认知必须建立在对自我的客观评价上,这样才能够正确地自我判断和有效地自我控制。对自我有正确认知,清楚自己的长处和不足,才能冷静地看待自己的得与失,真正地做到接受自己、欣赏自己,从而发现自我的独特性,合理科学地发挥个人才干去应对各项事务。

2. 他人的认知和评价

自我认知需要从多方面来建立,既需要对自我的客观评价,也需要他人的认知和评价。他人的认知和评价即他人的描述和反馈,比如"父母眼中的我""同学眼中的我""老师眼中的我""兄弟姐妹眼中的我",从他人的评价中把握自身的性格和思想,从而全面认知自我。

3. 关注自我成长

自我的认知需要不断地自我反思和自我监控。一个人的成长就是一条时间线索，我们应该对自己的成长轨迹有一个把握，对自己的过去、现在和未来进行梳理和认识，从而深刻地认知自我。

（二）提升自我认知的方法

1. 自我价值观的觉察

大学生要提升自我认知，既需要认知自己的人生方向和目标，认知自己的性格特征，认清自己的优势和劣势以及察觉自我情绪变化及其原因，还需要知晓自己的核心价值观。这套价值观既能帮一个人定义自己，也给这个人提供了评价自身行为的标准。

2. 自我兴趣和热情的觉察

大学生应该了解自己对哪些事情有兴趣、有热情，知道自己有极大的意愿去投入时间和精力从事哪些事，即明白自己真正热爱的事情是什么。人只有找到自己的兴趣点，才能明白自己的目标所在。大学生在对自我兴趣和热情的觉察下，可以制订出一个切实可行又想竭尽全力去达成的职业规划。其实，对自我兴趣和热情的觉察过程也是对自己生命的探索过程，自知的人会不断寻觅自己生命的意义，而在这个过程中，这个人自然而然地会越来越接近自己。

3. 自我抱负的觉察

抱负指的就是远大的志向。抱负与目标是不同的。目标是有具体范围和时间限制的，所以目标达成后人可能会感到失落，目标并不能让人通向真正的洞察。当人询问自己"我想达成什么？"时，更好的问题是"我想从生活中获得些什么？"抱负因指向的是一种远大的志向，所以具有持续性，人只要拥有对自我抱负的觉察，就会一直被它激励。

4. 自我与环境的觉察

人在任何环境中，都会有认知的局限，都会因环境的局限而限制认知的场域。因此人需要运用自我感知环境的能力对社会场域有所认知，需要通过提高自我与环境的觉察度来对自我和环境有更高的体悟。只有对它们有所觉察，人才能够更好地调节自我与环境的关系。

5. 自我行为模式的觉察

人的行为可以分为有意识行为和无意识行为。行为模式不是短期或单一的行为，它有其规律可言，是一个人在稳定的心理状态下产生的行为标准。人应该对自己过去的行为、正在进行的行为和未来将发生的行为都有一个觉察,因为只有在觉察中去认知去思考,才能对自我有整体的认知。行为模式的觉察就是一种在时间和空间上都有持续性和一致性的思考和感受。

6. 自我反应的觉察

自我反应可以分为外在身体反应和内在心理反应,这里说的对自我反应的觉察指的是对内在心理反应的觉察。人身处不同环境,思想、情感和行为就会有所不同。当受到评判和指责时,人便会暴躁,这是人在高压下的反应;当受到赞美和表扬时,人便会喜悦,这就是人在轻松环境下的反应。只有对自我反应有所觉察,人才能够在不同的情境下,调整个人的情感和行为。

7. 自我影响力的觉察

人处于社会中,必然会跟社会有多重联系,会与他人产生联系,并互相影响。影响力是用他人乐于接受的方式,改变他人的思想和行动的能力。通常所说的影响力又被解释为战略影响、印象管理、善于表现的能力、目标的说服力以及合作的影响力等。每个人的行为都会有意无意地对他人造成影响。当人对自我影响力有所觉察,也就对自己的行为给他人、社会造成的影响有所觉察。

> **拓展阅读**

> ### 蔡威谈青年择业:需将自我认知与国家命运相结合

> (来源:央广网,2018 年 3 月 18 日,有改动)

> 教育和医疗卫生事业关乎人民群众的切身利益。新时代,建设"双一流"如何有的放矢? 加强高校基础科研从何入手? 对大学生找工作有哪些建议?"儿医荒"问题究竟怎样破解?

> 全国政协常委、农工党十六届中央副主席、上海交通大学副校长蔡威做客中央台,分享作为大学校长与儿科医生背后的故事与建议。

> 问:现在中国处于最重要的发展战略阶段,而青年时期也是一个人最重要的发展阶段。当这些青年们面向社会择业就业的时候,应该给他们什么建议?

蔡威说:"在青年择业的时候,第一要看国家的需求,我国现在处在大发展时期,各种机遇特别多,关键是如何把握。第二要按照自己的兴趣,而不是一味地跟随潮流去学习,比如今天金融热,就去学金融。首先要清楚地认知自己,其次把自己的命运和国家命运结合在一起,这样就离成功不远了。"

(作者:佚名)

思考与练习

1. 自我概念是如何形成的?
2. 自我概念形成的因素有哪些?
3. 如何提升自我认知? 列举三个提升自我认知的方法。

第二节　培养兴趣,发现能力

名人格言

在工作与游乐之间,存在着一种和谐,两者巧妙地结合起来,生活的艺术就在其中了。

——罗曼·罗兰

案例导入

兴趣的力量

(来源:新民晚报,2019 年 12 月 2 日,有改动)

兴趣有无穷魅力,让人专注于自己喜爱的事情,有时到了旁人难以理解的"狂热"程度。

兴趣，常常能使人坚持不懈地做一件事，甚至很难的事，不计功利，也不需理由，纯粹因为爱好，要说，这就是兴趣的力量了。

早年，我有一个澳大利亚朋友，名叫 Ted，是个记者。工作干得好好的，1979 年的一天，他忽然弃职回家了。不过他也没闲着，甚至比在职时还忙，因为决定独自造一条船，为圆儿时的梦。他像上班族一样，每天 9 点准时赶到海滩边的"工地"，捣鼓锯子、木头、榔头、钉子和机床，灰头土脸地劳累一整天，傍晚 6 点才返回家里，天天如此，风雨无阻。每回我遇见他时问："船造好了吗？"他总是笑嘻嘻地回答："早着呢！"说完又加了一句："不急。"再到后来，我也不问了，知道离完工还早。他呢，依旧风雨无阻，一天不落。2 年后，我回国了，和他仍有联系，知道船还在建造，人依旧早出晚归。10 来年后，Ted 虽然仍忙于那条永远造不好的船，渐渐地却淡出了朋友们的视线。当时我怎么也弄不明白，究竟是什么支撑着他，让他那么多年来不辞辛劳，不嫌单调，不弃不舍，日复一日地忙于同一件事呢？26 年后的 2005 年，忽然传来消息，船造好了，行家说质量上佳，几近正规船厂的水平。Ted 也实现了与老妻驾船出航的梦想，当然很自豪。Ted 酷爱造船，后半辈子就忙这一件事，那给他带来了无穷的快乐。

兴趣确有无穷的魅力，有一种吸引力，让人专注于自己喜爱的事情，有时到了旁人难以理解的"狂热"程度。Ted 造船是一个近身实例，世界上这样的例子很多。昆虫学家法布尔，孩童时偶见一群蚂蚁在搬运死苍蝇，发现其分工十分精细，有的指挥，有的传递信息，有的拼力拖拉，他便趴在地上细心观察起来。村民们出工时见到他，已觉得有些诧异了，不想收工时，仍见他一动不动地趴在那里，便更感到惊讶，都以为"这孩子中了邪"；达尔文从小热衷于搜集矿物和植物标本，近乎痴狂；乔布斯，好端端的大学不读，而决定休学，去选修一门自己非常感兴趣的书法课，一头钻了进去，匪夷所思。

兴趣是入门的向导，事业常常是兴趣的延伸。不少人，不少事，往往由兴趣而起，假以时日，慢慢地由入门到精通，由零散操作到系统经营，由小范围到上规模，最后终成大业。儿时痴迷于昆虫的法布尔，长大后不懈地深入钻研，后来成了享誉世界的昆虫学家；达尔文年轻时的爱好，为撰写《物种起源》、创立达尔文学说做好了准备；乔布斯的选修课，多少帮助他成就了"苹果"事业，他在设计第一台电脑时，就灵活运用了当年学来的书法知识。

兴趣，有的与生俱来，有的是慢慢培养的。不管哪一种，兴趣大多始于人的孩提时代，或者人的青年时期。所以如何对待孩子的兴趣，是家长和教师都无法回避的问题。孩子的兴趣只要是正当的，大人理当因势利导，而不该去随意阻拦和禁止。

很多不同行业的发明家，都是由儿时的兴趣而起，因兴趣而坚持，并最终成功的。但当下的实际情况是，凡孩子的兴趣和爱好，与教学或者课本无关抑或关系不大时，大人们多半会强烈阻止。最典型的例子是，有的家长甚至不允许孩子阅读课外书，认为是"不务正业"。正因为不少家庭和学校把学生禁锢在有限的课本里，一切都向成绩看，用整齐划一的方式去塑造孩子，中国少了很多有可能对社会做出独特贡献的奇才或"怪才"。这就像公园里的矮树，修剪得一样整齐，煞是好看，却没有特色。人才培养不同于环境整饰，不应只求统一齐整，"千人一面"，尤其像中国这么大一个国家，非常需要各种各样的人才，以不同的方式推进社会的发展。世界是多元的，人才也应该是多元的。

（作者：黄源深）

很多大学生不喜欢自己的专业，又不知道喜欢学什么，也不知道毕业以后要干什么，就是因为他们缺乏对自我兴趣的认识。他们因为不知道自己的兴趣所在，因而对学习采取一种消极的态度，对职业生涯也缺乏规划。有心理学家指出：一个人会选择什么样的职业，兴趣占主导地位。人们能够积极地从事某项实践活动的原因往往是他们对这个活动产生了浓厚的兴趣。因此，大学生可以尝试认识自己的兴趣所在，有意识地培养兴趣，让自己有能力去从事喜欢的事业。

一、认识兴趣

兴趣是个体力求认识某种事物或从事某项活动的心理倾向，它表现为个体对某种事物或从事某种活动的选择性态度和积极的情绪反应。比如爱听一首歌,爱看电影,想写一本小说……当人对一件事情感兴趣时,自然愿意投入精力去做,并且会要求自己做到最好。这种正向的心理激励反过来又会促进兴趣的产生,从而形成良性循环,让人想要通过各种方法和途径发展个人的兴趣。而一个人对某种事物的认识越深刻,情感越丰富,往往兴趣就越浓厚。人们在从事自己感兴趣的事情后所获得的满足感,会促使其对兴趣投入更多的情感和关注,从而慢慢将一时的兴趣发展成一项特长。

兴趣是受人的社会性制约的,按照来源可分为直接兴趣和间接兴趣。

直接兴趣就是我们天生比较擅长或者感兴趣的事物,直接兴趣受遗传、环境、年代、社会等影响。从遗传角度来看,父母的兴趣会影响孩子;从环境来看,周围人群的讨论和关注,也会让人不由自主地对某一事物产生兴趣;随着年龄的增长,人的兴趣也在不断地改变;就时代来说,每一个时代所能提供的物质文化条件不同,也会让人产生不同的兴趣。

间接兴趣是指人在持续接触和不断培养中产生的兴趣。间接兴趣受到价值观、阶段目标、规章制度的影响。间接兴趣是人对活动的结果和价值意义有了明确认识之后,促使自己去追求去培养的结果。因此人要培养间接兴趣,就应该明确目标和意义。

二、培养兴趣

如何才能培养兴趣?这里的培养兴趣主要是指间接兴趣的培养。当人能够通过对目标和意义的追寻而建立一种间接兴趣,便能够通过长期的关注和学习,在目标的驱动下促进兴趣的培养。

为了培养兴趣,我们首先应该做到接纳,意思是说我们应该接触自己不熟悉、不了解的东西,开阔眼界,增强认识。因为认识是兴趣产生的基础,我们只有首先对事物有了基本的认识,随着认识的加深,积累的知识越多,就越能激发我们去探索,因而产生极大的兴趣。我们要通过认识的加深而参与到活动中,只有对认识对象的活动也感兴趣,才能对兴趣进行加强。

我们每天所处的环境不同,接受的教育也不同,所以每个人的兴趣培养方式都有其特点。大学生要根据个人的情况和条件来培养兴趣,比如,有些人的兴趣广泛但是不专一,就要加强中心兴趣的培养;有些人的兴趣单一，就要加强兴趣广泛性的培养；有些人的兴趣消极被动，就要增强对积极兴趣的培养。总而言之，大学生应该通过学习，加深对世界的认知，培养起积极广泛的兴趣，进而培养和提升优良的中心兴趣。

三、了解能力

能力是指一个人能胜任某项工作或事务的主观条件。能力具有个性差异，每个人都各有所长，能力大小也不一样。通常情况下，能力分为一般能力和特殊能力。一般能力是指从事大多数活动所需要的能力，包括想象力、观察力、思维能力等。特殊能力是指从事某项专门活动所需具备的能力，如绘画能力、语言表达能力、音乐制作能力等。

一般能力和特殊能力是大学生进行职业定位和职业选择的重要参考标准。一个人只有具备某些能力，才能完成某项事情。个人能力的高低和某项能力的优势指引其职业方向。用人单位把能力作为一个重要的考虑因素，个人只有具备与岗位要求相匹配的能力，才能是符合要求的应聘者。

从业者必须具备完成某些事情的能力，而要完成某些事情，单靠某种能力是不够的。比如一个画家要完成一幅作品仅具备绘画能力是不够的，还需具备想象力、观察力、思考能力。

随着社会生产力的提高，社会分工不断细化，各种职业对专业能力的要求也越来越高。求职者在选择职业时，必须了解自己的能力所在，清楚自己的优势和才干，只有了解自己具备哪些能力，才能据此确定自己的职业方向，或者结合理想职业的要求，针对性地培养或提高自己的能力，做好就业规划，增大找到心仪工作的可能性，并在未来的工作中扬长避短，发挥才干。

四、提升能力的方法

在当今社会，人们获取信息、获取知识的渠道越来越广，为了提升能力，大学生可以采取以下几种方式。

（一）学习知识

大学生可以通过传统的课堂和书本获得知识。课堂学习是大学生接受知识的主要途径，此外还可以通过参加学校的教育培训、讲座、研讨会、辅导课等，让自己的知识视野更加开阔，学习能力不断提升。

（二）学习技能

除了学习书本知识以外,大学生还应注重实践,注重对动手能力的培养和提高。大学生应该多参加课余活动,如素质拓展活动、技能竞赛活动、志愿者活动等。通过参与实践活动、参加实习及专业训练,大学生可以学习、提高专业技能,也可以将已学到的知识运用到实际中,同时提升自己的表达能力、组织协调能力、动手能力等。

（三）学习沟通

大学生应该多与老师、同学、社会人士沟通,在沟通中,既能增长知识,又能提升人际交往能力。生活处处皆学问,人人都是老师,大学生应该积极地接触新事物、认识新朋友,在丰富的实践活动和人际交往中,大学生的精神世界、观念世界才能益发多元化,这也有助于大学生各方面能力的提升。

拓展阅读

人工智能技术会如何影响青年就业

（来源:光明日报,2020 年 10 月 30 日,有改动）

在人工智能的发展过程中,有一种声音始终伴随:人工智能会让更多的人,尤其是年轻人失业吗? 我们该为此担忧吗?

青年群体正处在人生中体能和智力的巅峰时期,是就业市场的主力,代表着未来经济发展的活力。在人工智能技术的冲击下,部分职业与岗位已经受到明显影响,有些职业尽管还未受到波及,但日新月异的技术加剧了失业的预期。失业,不仅意味着衣食无着的窘迫,也预示着个人身份认同的危机和社会地位的下降,而这又难免会引起青年的焦虑和恐惧心理。在更隐形的层面,人工智能对高技能者的需求和对低技能者的排斥,可能导致就业领域的"信息鸿沟",进而加剧收入分配的两极分化,自身拥有的技能被智能设备取代的青年将面临考验,而绝大部分青年和更年轻一代将成为最大的受益者。

受益于技术便利的青年将步入更美好的时代是毋庸置疑的,但没有了谋生压力的人们如何打发自己旺盛的精力、过剩的智力呢?《人类简史》一书的作者赫拉利的"无用阶级"提出了生活的意义问题。人工智能技术或许会助长青年一代轻奋斗、重享乐的风气，这对人类未来发展而言绝非好事。

当然，对传统就业模式而言，人工智能亦展现了相当程度的超越性。

根据过往社会经济发展实践，技术进步最初会造成结构性失业，但这是经济增长暂时且必要的过程，随着技术加速进步产生的"乘数效应"，最终人工智能会改变和创造许多新行业、职业和岗位。作为"新基建"七大领域之一，尽管人工智能挤出部分行业的低技能从业者，但其高生产率必然刺激劳动总需求上升，扩大相关行业的规模，为青年提供"虚拟世界设计师""人工智能培育师"等涉及技术开发、机器训练、智能设备维护等的极具潜力的就业机会。

人工智能技术还将促进人类生活和就业质量的整体提升。一是技术进步与劳动者技能升级之间的正向促进关系显著，我们常说的"勤劳致富"可能要升级为"创造力致富"。二是人工智能提升了青年就业的自由程度，如对体力的要求宽松，更注重工作灵活性等。如今越来越多的"斜杠青年"涌现，未来就业地点和从业组织等时空束缚必然会更少。

不过，青年们也应意识到，尽管人工智能在许多特定领域会比人类做得更好，但从人工智能的本质来看，它始终是用来呈现人类智能的技术，无法真正拥有人类一般的思维。人类能力的广度、灵活度和强社交性是机器人无法超越的，因此，大可不必排斥或限制新技术，或应从自身目的和需要出发，与机器建立和谐的关系，使其更好地为自己服务，实现"人机协同"。

人工智能对青年的影响不仅在于就业，更与青年自我发展密切相关，后者也是更深层次的影响。由于人与技术的双向影响将进一步增强，未来的人工智能必将紧密关涉青年自我建构的过程。社会环境和受教育情况是青年发展和实现自我认知的决定性因素，而每一个时代都有其文化、社会和环境，它们的构成又不得不考虑技术因素。这意味着未来青年需要适应和人工智能共处，也意味着青年有了重新认识自我和建构自我的契机。人工智能让未来青年从体能、智能上获得解放和超越，有条件在万物互联的时代共建、共享信息，也让人之独特实践——劳动更趋向于其本质:创造人本身。这或许是后劳动时代青年发展的一种可能路径。

人工智能与青年的互构互促也对青年教育提出了新要求。一方面应从战略高度重视推进人工智能方面人力资源的发展。我国高度关注人工智能领域的发展,并提供了强大的政策支撑,如2019年10月,关于检查《中华人民共和国高等教育法》实施情况的报告特别针对人工智能、大数据等战略性新兴产业专业人才培养不足、专业人才相对匮乏等问题提出建议。另一方面,就业服务机构应给予青年更前沿的指导,如对青年的培养应更重视将技能培养与劳动力市场需求相匹配,包括独特的审美情趣、终身学习的意识、跨学科的综合技能、变革与创新能力等。

(作者:窦畅宇)

思考与练习

1. 应如何区分直接兴趣和间接兴趣?
2. 能力分为哪两大类?
3. 小组讨论:应该怎样提升自我的某项能力。

第三节　发掘优势,确立职业目标

名人格言

所有的成长都来源于行动。不付出努力,身心就不会得到任何发展,而努力就意味着工作。

——卡尔文·柯立芝

案例导入

兼顾兴趣和收入投身多元行业　90后要从事更"燃"的新职业

《2019年生活服务业新职业人群报告》为你揭秘"三高"人群

(来源:杭州日报,2019年7月11日,有改动)

电竞顾问、撸猫师、STEM创客指导师、酒店收益管理师、无人车安全员、线上餐厅装修师……如果说70后、80后当初入职互联网公司,无法向父母解释公司是干什么的,现在90后、95后从事的各类"新奇特"职业,绝对超出了父辈们的"脑洞"范围。

7月9日,美团点评联合21世纪经济研究院、智联招聘共同发布了《2019年生活服务业新职业人群报告》(简称《报告》),为我们揭示了生活服务业在新消费需求下催生出的一批新职业,他们不仅有"三高"——高学历、高收入、高要求,还是一群在"996"之外将热爱进行到底的人,一个字"燃"!

新职业"不设限",90后成新职业主力军

最年轻的90后已踏入大学,最年长的90后已近而立,他们成为这届新职业的主力军。《报告》显示,80后、90后在新职业人群中占比超过90%,其中,90后占据半壁江山,95后占比超过22%。

教育部数据显示,2019届高校毕业生数量高达834万,在新一代择业期青年们如何选择工作方向成为社会关注的焦点。在他们前方,年轻的新职业者已经开拓了"不设限"的多元就业道路。

"接触密室行业是出于兴趣,创业初期发现实际环境其实没有那么简单友好,让我最终坚持下来的是对这份事业的热爱。"屋有岛密室创始人赵毅成表示,在加入密室行业之前,他是国家电网的弱电工程师。

像赵毅成一样,这些投身新职业当起"小老板"的人,20.5%曾是企业单位的白领、9%来自国企和事业单位,这些新职业者兼创业者最爱选择的服务行业前三位是休闲娱乐、宠物和结婚行业。

为了升职加薪,不断"走出舒适区"

新职业的薪资水平如何?根据《报告》调研数据,55%的新职业者月收入超过5 000元,其中月薪过万的有24.6%、月薪为2.5万元以上的"高薪人才"也有5.64%。

为了加薪,新职业者们选择走出舒适区。《报告》显示,在工作时长上,超过40%的新职业者每周只有单休,甚至有10%的新职业者仅在春节期间休息,超七成新职业者每天的工作时长超过8小时。此外,由于生活服务行业的特殊性,大部分上班族的法定节假日、外出游玩的时间,都是新职业者的工作高峰期。

除了持续"苦干",自驱的新职业者也更乐于参与职业培训提升自我。《报告》显示,超六成入行3年以下的新职业者对未来感到迷茫,而摆脱迷茫、找到未来发展定位的方式之一正是职业培训。71.2%的新职业者参加过职业培训,其中34.8%参与过公司组织的培训。个人自费培训方面,入行越久的新职业者越愿意和有经济能力投入培训,入行10年以上的新职业者有54.1%的人年均职业培训投入在5 000元以上。

在一些专业要求更高的新职业领域,个人自费参加培训成为"标配"。以健身教练为例,自费培训比例高达98%,每四位自费培训的健身教练中就有一位参加过国外的职业培训。

最爱说一句话:相信我们是专业的

"大学毕业后我就进入了母婴行业,还进修了高级母婴护理、母乳喂养指导师、高级小儿推拿师和营养配餐师等方面的专业知识。"毕业于云南师范大学的母婴护理师张琳是新职业人群典型代表之一。

传统认知中,生活服务业是低附加值的劳动密集型行业,但新职业者用自己的行动告诉大众,"专业"在转型升级的服务业中正变得前所未有的重要。在《报告》的9 000多份对新职业人群的调研问卷中,新职业者最想对客户说的一句话是:"相信我们是专业的。"

专业也让新职业者更容易坚守。《报告》显示,超三成新职业者坚守在本职业从未换过工作,27%的新职业者工作3年以上才换工作。

26 岁的方慧在调酒师这个职业一待就是 8 年，光靠每天不断练习调酒就练出了一手臂肌肉。

事实上，新职业正凭借时间自由、收入高、灵活度大等因素吸引越来越多的高学历人才加入。《报告》显示，大专及以上学历的新职业者占比接近七成，其中 33% 为本科及以上学历。这些高学历人才最爱从事的新职业前三类是心理咨询师、整形医生、STEM 创客指导师等风口上的新兴业态。

（作者：张丽华）

每个专业可就业的行业和职业范围广泛，同样，每个行业和职业对专业的要求也是多样的。在招聘中，有的岗位对专业有明确的要求，有的岗位却没有专业限制。大学生在就业前，应当认识专业和职业的关系，通过对自己进行分析评估，发掘出个人优势，从而确立职业目标。

一、认识专业和职业

（一）认识专业

很多大学生对所学专业的认识是不够的。如果还没有真正认识了解某个专业，大学生就不能准确地判断自己是否真的喜欢或适合这个专业。

专业就是指根据学科分类和社会职业分工，需要分门别类进行高深专门知识教与学的基本知识。专业具有较强的技术属性，即技能和专长。大学生想拥有某一项技能或专长，达到岗位的要求，就得进行长期的专业学习。每个专业都有其独特的培养目标和培养方案。所以要认识专业、了解专业，就应该了解它的培养目标和培养方案。

对于有专业限制的岗位，在用人单位对大学生能力素质的要求中，专业知识和技能是最基础的要求。只有达到一定专业水平，通过用人单位的专业知识考查的求职者才在用人单位的考虑范围内。因此，对于大学生而言，专业知识的学习是一项重要的任务，要想在职业竞争中取得成功，就必须掌握一定的专业知识，拥有专业技能。

（二）认识职业

职业是社会发展到一定阶段的产物，是随着社会分工而产生的，并随着社会生产力的发展而不断发展。美国社会学家赛尔兹认为,职业是一个人为了不断取得收入而持续从事的具有市场价值的特殊活动。也就是说,职业是人们为了谋生和发展而从事的相对稳定、有经济收入、特定类别的社会活动。这种社会活动是根据社会分工来决定的,它要求从事这种特定类别的社会活动的人具有专业的素养,即具有特定的知识储备和技能。职业具有社会性、经济性、稳定性、技术性和专业性。

(三)专业和职业的关系

大学生所学专业对未来的职业有着深远的影响。如果说,从事某种职业是我们的目标,那么所选择的专业就应该是达到职业目标所需要的知识和技能,大学生只有通过专业学习才能获得专业知识和技能,并在专业学习的过程中调整、确定职业目标。当然,学习专业知识的目的是帮助人就业,而绝不是为了限制人的发展。如今,世界上有超过 20 000 种职业,新的职业还在不断产生,大学生不论选择学习何种专业,都有适合的职业可供选择。即便选择的职业与学习的专业方向不一致,职业发展超出所学专业领域,大学生也可以根据职业规划,在学好专业的基础上通过选修、自学等提高自己从事心仪职业的素质和能力。每个大学生都有可能通过自己的努力,找到满意的工作,当前需要做的就是提前做好准备,不断地提升自己的专业水平,向着职业目标前进。

二、职业目标的确立

美国著名职业心理学家埃德加·施恩提出:职业生涯发展是一个持续不断的探索过程,随着人对自身越来越了解,这个人就会形成自己的职业锚。职业锚就是人选择和发展自己的职业时围绕自己所确立的中心。职业锚是自我意向的一个习得,是个人在进入工作情景后,由习得的经验产生自己的动机、需要和价值观,达到自我满足的一种稳定的职业定位。

为了帮助自己确立职业目标,大学生可以做一个职业评估。明确、合理的职业目标的确立,应基于大学生对自己的正确认识,即需明确我是谁,我能做什么,我想做什么。

职业目标的确立对个人的职业发展十分重要。大学生需要了解自己的优势,清楚地知道自己的不足,还需要通过大量的行业分析来了解想投身的职业是否有发展潜力,通过职业分析了解自己若从事某职业是否有发展能力、发挥才干的空间。通常，大学生可以根据以下几个步骤确立职业目标：

1. 自我评估

结合本章第一节的学习，我们知道，大学生只有充分地认识自己、了解自己，充分挖掘个人潜力发挥自我优势，才能做出正确的职业选择，规划出适合自己发展的职业生涯，从而针对性地积累实践经验弥补个人短处，让自己的综合能力达到职业目标的要求，在社会工作中找到自我认同。

做好自我评估，首先就要做自我分析，对自己有客观的认识。自我分析的方法有很多，大学生可以通过期刊、图书、网站等渠道了解，选择合适的方法，从职业兴趣、个人气质、性格、能力等方面展开分析，弄清楚自己的优势与特长、劣势与不足，并结合现代职业的区域性、行业性、岗位性等特点，进行职业分析。

2. 职业环境分析

职业环境因素一般包括社会环境、政治环境、经济环境等。此外，大学生在规划职业目标时，还要考虑自身环境因素的影响，比如家族影响力和人脉关系等。

一个好的职业规划，离不开对社会环境和市场需求等要素的分析。大学生只有在对职业环境因素做过深层次调查，有充分了解后，才能在复杂的环境中趋利避害，合理规划职业。大学生在对职业环境因素进行评估和分析时，要注意分析环境条件的特点和发展变化，以及环境因素对个人职业生涯的影响；需要深入了解社会经济现状和发展前景，比如目标行业的人才供给情况、平均工资状况、未来几年内行业发展前景和人才供需情况，以及从事具体岗位所需要的特殊能力等。

3. 选择职业

职业选择关系到人的事业成功与否，需要大学生基于对自我的正确认识来进行。确定职业的最好方法是进行职业能力测试。大学生可以整理出行业和职业清单，并根据自身情况，用筛选和测试的方法，找到最适合自己的行业和岗位。在进行职业能力测试时，大学生如果不清楚自己适合做什么和喜欢什么，可以先排除能力不匹配、不喜欢的行业和岗位类型，缩小选择范围，然后把剩下的行业和岗位类型进行组合搭配，从中找到和自己能力匹配并且感兴趣的"行业类型+岗位类型"的组合清单。

可以用下面的分析表来进行自我评估和职业测试，帮助自己选择职业。

	优势因素（S）	弱势因素（W）
内部环境因素	什么是我最优秀的品质？ 我曾经学习了什么？ 我最成功的是什么？	我的性格有什么弱点？ 我的经验或者经历还有哪些缺陷？ 我最失败的是什么？
	机会因素（O）	威胁因素（T）
外部环境因素	什么样的环境是我的机会？ 什么样的行业、职业、组织是我的机会？	什么样的环境是我的威胁？ 什么样的行业、职业、组织是我的威胁？

4. 制订职业规划

选择了职业以后，大学生就应该明确职业目标，为自己制订职业规划。没有目标的人生如同没有方向的孤舟，我们只有确立了目标，才有努力的方向，才能采取具体的行动。

职业规划是达成职业目标的具体方案。任何不付诸行动的目标、计划都是空谈。职业规划是根据选择的职业，确定所需达到的能力素质要求，从而制订具体的培训计划，明确参加实践锻炼和专业学习的内容和时限。一份完整的职业规划由职业定位、目标设定和通道设计三要素构成，根据规划的期限一般划分为短期规划、中期规划和长期规划。在执行职业规划的同时，大学生应根据自己经验增加和认知提升的情况，对职业生涯规划进行动态评估与反馈，不断做出调整，使方案更加有效。

拓展阅读

年轻求职者需要理性看待当前的"新职业热"

（来源：劳动午报，2020年8月12日，有改动）

近年来，新职业不断涌现，智能制造工程技术人员、人工智能训练师、互联网营销师……仅去年4月至今，人社部联合多部门发布的新职业已有38种。

多样化的职业种类催生出可观的人才需求。日前，人社部中国就业培训技术指导中心联合阿里巴巴钉钉发布的《新职业在线学习平台发展报告》显示，未来5年新职业人才需求规模庞大，预计云计算工程技术人员近150万人、物联网安装调试员近500万人、工业机器人系统操作员和运维员均达到125万人……机遇面前，年轻人实现职业拓展有了多元选择，而且在职场上形成了一定的"热度"。

为什么突出年轻人？因为，显而易见，这些新职业，特别是未来对相应人才的需求，是属于掌握新知识、新技能的年轻一代的。就从眼下讲，有能力竞聘这些新职业岗位的，恐怕绝大多数也是年轻人。考虑到目前大学生就业的形势与压力，有必要就此做一番探讨。

新职业之所以受到年轻人青睐，有两个重要原因。一个是工作薪资优厚，有转行投身智能制造行业者称，"现在的待遇是原来的10倍左右"；另一个是发展前景广阔，这从市场预测可知。实事求是地说，这两条都是人的正常追求，无可厚非。问题在于，有追求是一回事，你是否具备相应的能力是另一回事。

据报道，目前，广受年轻人关注的新职业主要集中在互联网/信息技术、制造业和服务业。具体地说，数字化管理师、无人机驾驶员、农业经理人、物联网工程技术人员等新职业格外受到年轻人的青睐。这些新职业的确诱人，但与此同时传递出的信息还有：相关公司对从业人员提出了较高的从业要求。这些要求既包括专业知识，还包括工作经验，甚至需要具备一定的社交能力。

或许有人说，我在大学学的就是相关专业，而且是最新的学科和专业知识，这还达不到应聘资格吗？且听专业人士怎么说——"部分技术高度密集型行业包含的专业知识多且复杂，加上行业发展更新速度快，相应的理论来不及沉淀，目前的人才培养体系尚不能满足行业用人需求。"正因为如此，有的公司明确表示倾向于招聘有3~5年行业工作经验者；有的公司提示，专业知识和工作能力都需要时间积累。这些显然都是告诉刚刚走出校门的应聘者，学历只是条件之一，实践才是更重要的保证。这些公司大多是通过社会招聘引进人才的，有的还要附加资格证书的条件。例如，在智联招聘网站上，与老年人能力评估师相关的岗位招聘条件就写明，对有护理员证书、社会工作者证书的求职者优先考虑。想一想,这种要求不仅有道理,而且是必要的。

通过上述探讨,可以得出结论:年轻求职者需要理性看待当前的"新职业热"。当自己尚不具备进入新职业领域参与竞争的条件时,不妨脚踏实地地先从自己能够做好的工作做起,积累经验,更新知识,加强相关领域知识的学习,这些才是提升自己岗位竞争力,谋求个人职业发展的有效途径。

有追求是好事,但不要一蹴而就。切记,"机遇青睐那些有准备的头脑"。

(作者:张刃)

思考与练习

1. 专业和职业的关系是怎样的?
2. 职业的选择必须依赖于本专业吗?
3. 为自己做一个职业分析表,确立一个职业目标,制订职业规划。

第三章　掌握求职流程与技巧，学会推销自己

学习目标

1. 了解求职流程。
2. 懂得推销自己,拓宽就业渠道。
3. 学会制作一份简历。
4. 了解笔试和面试的形式与内容,掌握面试礼仪规范。

学习建议

1. 独立制作电子简历,同学相互点评,编辑成简历册。
2. 组织模拟面试,分小组点评,注意发现和纠正面试中的礼仪问题。
3. 组织现场、电话、网络等模拟交流场景,向用人单位推荐自己,分小组点评,掌握自荐的方法和技巧。

第一节　自荐的方式与技巧

名人格言

静以修身,俭以养德。非淡泊无以明志,非宁静无以致远。

——诸葛亮

案例导入

企业招揽人才，"云招聘""云面试"是双赢之举

（来源：光明网，2020年3月10日，有改动）

在线投简历，视频连线参加面试……疫情时期，考验的不只是求职者，对于企业招聘方来说，面临的压力也不小。由于受到疫情等因素影响，"云招聘"成为"2020春招"的主流，求职面试普遍从线下转向线上，宅在家里同样可以参与面试找工作。

对于"云招聘""云面试"等，企业和求职者也是有赞有弹。有的企业认为，应聘者拒绝offer（录用通知）的概率上升，增加了招聘难度；有的企业面试官认为，一些应聘者在家面试，其着装、态度都不如以往正式面试那样注重细节。不过，此类现象实际上更多地反映出企业和应聘者双方存在的问题。对于应聘者而言，如果面试态度相对随意，无论是在家面试还是去企业面试，恐怕都会给注重细节的面试官留下不太好的印象，甚至被作为职业素质的评判标准。

而有些企业将应聘者是否抽时间、承受路费等作为其对应聘重视程度的评价标准，恐怕也有失偏颇。毕竟，以往受限于较为单一的应聘方式，应聘者只能请假来回奔波于面试现场，"云招聘"缩减时空距离、同步降低应聘成本，对应聘者当然是利好。如果企业只注重应聘者的相关成本付出，而忽视了应聘者希望高效、省时地完成面试的诉求，并不合理。特别是疫情当前，"云招聘""云面试"等优势集中显现，如果能充分利用，未尝不是一次突围的好机会。

当然，需要指出的是，在"云招聘""云面试"的过程中也会出现这样那样的问题，包括近年来屡屡爆出的企业毁约、应聘者接了offer后选择去其他条件更好的企业等。这些现象，指向企业和应聘者的诚信等更深层次的问题，与招聘形式的关联度不大。

就现实而言，"云招聘""云面试"在不少大型企业早已稳步推开。尤其是互联网行业，往往在全国乃至全球范围内招聘人才，所以在招聘流程中大多环节都以电话、视频面试为主，最终经过多轮评估，确定

应聘者素质基本达到企业录取标准时，才由高级别管理者对应聘者进行现场面试。这种"线上+线下"的招聘面试方式，更加便捷全面地考查应聘者的能力、价值观，也方便就更为核心的待遇、发展空间等条件进行有效沟通，具有很强的参考性和指导价值。

随着人才流动加速，企业招聘方式多样化，线上面试、找工作是大势所趋。尤其是5G、AI等技术的不断成熟，让视频面试更具现场感，实现面试官与应聘者的更强交互。所以，从节约双方成本、提高效率的角度来看，疫情结束之后，企业"云招聘""云面试"等不仅不会减少，还有进一步增加的趋势。因此，企业和应聘者双方不妨借此机会实习演练。有准备有基础，才有更多机会与可能。"云招聘""云面试"不断完善，对企业和应聘者来说是双赢之举。

（作者：毕舸）

大学生毕业后便会投入社会工作，在求职就业之前，应该对求职程序有清晰的了解，做好充分准备，从而顺利完成从学生到职场人士的身份转换。

求职通常包括获取就业信息、投递求职材料、笔试、面试、签约等环节。在做好专业能力、心理素质、求职材料等方面准备的基础上，大学生可通过信息搜集，了解最新就业政策、用人单位的人才需求，选择合适的方式向用人单位毛遂自荐。用人单位一般会结合岗位特点安排具体的考核，根据求职者的表现确定最终人选。

自荐就是自我推荐，在求职过程中，自荐起着关键性的作用。大学生应该了解自荐的方法和技巧，积极主动地推销自己，展现自我才华，帮助自己脱颖而出，赢得就业的机会。随着互联网的兴起，自荐的方式也越来越多，大学生可根据自身情况，灵活选择自荐方式，拓宽就业渠道，增加就业机会。

一、自荐的方式

自荐分为直接自荐和间接自荐。直接自荐是指应聘者向用人单位做自我介绍、自我评价和自我推销。间接自荐是指借助中间人、中介机构或者相关材料推荐自己。综合起来,自荐的方式主要包括以下几种。

(一)现场自荐

求职者须到用人单位或招聘现场,向用人单位推荐自己。可以将现场自荐视为一次面试,用人单位在现场沟通时综合评估求职者。其优点是求职者能够直接地展示自己的风采,让用人单位直观地了解自己。其缺点是受时间、精力和地域的限制,求职者去往一些用人单位自荐的成本较高;现场交流时间有限,不能让用人单位全面地了解自己。但一般来说,用人单位在和大学生签约之前都会和大学生面谈,所以大学生无论以何种方式自荐,都有必要学习和掌握现场自荐的技巧。

现场自荐可以分成以下三种方式:

(1)登门自荐。即自己带上求职材料去用人单位进行自我推荐。

(2)参加人才招聘会自荐。即带上求职材料到人才招聘会现场进行自我推荐。

(3)在实习或社会实践过程中自荐。即通过各种实习和社会实践的机会展现个人才能,进行自我推荐。

(二)书面自荐

书面自荐就是通过递送求职材料的方式推荐自己。此种方式的覆盖面较宽,可以扩大自荐范围,不受时空限制,不受"临场发挥"和"仪表效应"的影响,也是大学生求职过程中常用的自荐方式。

(三)电话自荐

电话自荐就是通过电话交流来推荐自己。在几种自荐方式中,电话自荐有着信息沟通流畅、省时省力的优点。电话自荐要求求职者有较高的口头表达能力,能用简洁明了的语言展示自我优势、引起用人单位的兴趣,尽可能给用人单位留下清晰、深刻、良好的印象,为面试打下良好的基础。

(四)广告自荐

广告自荐主要是借助与大学生就业相关的杂志、报纸、广播电台、电视台等传统媒体平台登载个人求职广告,向社会推荐自己。这种方式覆盖面宽、受众广泛,缺点是针对性不强,难以引起用人单位的注意。

(五)网络自荐

随着信息技术的不断发展,人们越来越喜欢通过网络来进行交流。网络自荐突破了时空界限,方便快捷、成本低、针对性强,用人单位和求职者随时随地可以交流、沟通。求职者通过网络不仅可以全面介绍自己的情况，还可以利用多媒体技术等生动展示技能。网络自荐的缺点是欠缺面对面的沟通，因而用人单位难以对求职者产生深刻的第一印象，且网络平台冗杂，让网络信息的真实性难以确定。

二、自荐的技巧

自荐是大学生求职中的重要环节，如果方法得当，会给用人单位留下好的印象，增加被录用的概率。

一般情况下，大学生不论采取什么方式自荐，都应注意以下方面。

（一）准备充分

大学生在自荐之前，应该对用人单位的情况包括用人单位的性质、业务范围、人才需求等，进行初步调查。之后，再根据用人单位的实际需求，结合自身条件准备求职材料，并对与用人单位的沟通内容有全面的考虑，最好写一个提纲，罗列可能涉及的话题，整理出应答思路，以便在自荐时条理清晰、重点突出地展示自己。

准备求职材料是求职的第一步。大学生需要靠求职材料去推销自己，获得用人单位的青睐。求职材料一般包含以下几个部分：

1. 求职信

求职信也叫自荐信，是求职者向用人单位介绍自己以求录用的书面材料，是重要的求职材料之一。求职信的内容要求简明扼要，表现自我优势。一份好的求职信能够拉近求职者与用人单位的距离，帮助求职者获得多一些的面试机会。

2. 个人简历

简历记录了求职者的成长过程和取得的成就，是个人工作能力的反映，对求职者来说，是必不可少的求职材料。简历的制作方法将在本章第二、第三节中作详细介绍。

3. 毕业生就业推荐表

这是由学校统一发放给毕业生的，就业推荐表是反映毕业生各方面情况的材料之一，必须将复印件一并放入求职材料中。

4. 相关证书

某些用人单位为了确保求职者的简历信息真实，会要求求职者同时递交能够证明其学历学位、奖励荣誉、技能等级等的证书复印件。

5. 作品或科研论文材料

大学生可根据应聘岗位的需求,将能够体现自己专业知识水平和学术能力的材料附上,这会让求职材料增色不少。

（二）语言得体

语言是沟通的媒介,在人际交往中非常重要。大学生在自荐时一定要巧妙地运用语言技巧,充分利用短暂的交流时间,以简洁明了的语言表达自己的意思,语言表述要突出重点、逻辑清晰,用词要精准无误。沟通中,要注意双方的身份,做到文明礼貌;还要注意自己的语音、语速、语调,确保沟通顺畅、对方感觉舒服。

（三）谦虚自信

大学生在自荐时,要让用人单位感受到自己的蓬勃朝气、积极向上的态度、有礼有节的良好素质。对于性格开朗的求职者来说,展示自我可谓驾轻就熟,但是也要注意在向用人单位推荐自己的时候,不要浮躁骄傲,应该以谦虚的态度介绍自己。对于内向的求职者,则可能还需要克服紧张、羞怯等。自荐前,大学生可通过情景模拟来训练,自荐时应以洪亮的声音、从容的仪态、自信的心态向用人单位推销自己。

拓展阅读

怎样做自我介绍成功率更高

（来源:应届毕业生网,2017 年 7 月 3 日,有改动）

首先,毕业生求职者的自我介绍要围绕岗位胜任要求展开。有人总结说,80% 要围绕与应聘岗位所需要的专业胜任能力模型展开,20% 围绕与应聘岗位所需的行为风格模型来介绍。这样的要求或许有些"粗暴",但能清楚地告诉我们面试时自我介绍应介绍哪些内容。面试官只关注你与岗位匹配度有关的事情,也就是最能体现你与岗位关联度的能力。

下面这一则故事就很能说明问题。张小姐和杨小姐都是刚毕业的学生,学的都是英语专业,学习成绩都很突出,二人同时应聘高级秘书职位。人事经理看了简历以后，难以取舍，于是通知两人面试。面试时考官让她们两人分别先做下简单的自我介绍。

张小姐就将自己的年龄、毕业学校、专业、家庭情况和自己的性格介绍了下，并表达了自己对这一职位的期望。而杨小姐则这样介绍自己："关于我的情况，简历上都介绍得比较详细了。在这儿我强调3点：第一，我的英语口语不错，曾利用假期在旅行社做过导游，带过欧美团。第二，我的文笔较好，曾在报刊上发表过6篇文章。第三，我能熟练地使用各种办公软件，我的行政和文秘等方面的成绩都是优秀。如果您有兴趣可以过目。"最后，人事经理录用了杨小姐。

其次，自我介绍要有论点和论据，不能只有论点而没有论据支撑。比如要说明自己有很强的意志力，可以表述为"我每天坚持晨跑3 000米，我冬天都坚持用冷水洗澡，既节约了生活费用，又锻炼了意志"。介绍社会实践和实习情况，可以说"一天最多销售60台电视机""我大学期间的学杂费和生活费有一半是自己挣来的"等。

再次，准备多份面试自我介绍。国企、外企、民企，不同的企业面试有很大差异，所以应当准备至少三份自我介绍模板，分别是1分钟、2分钟、3分钟的自我介绍。自我介绍的内容可根据时间不同而有所侧重。

最后，要先模拟演练自我介绍，请自己的同学或朋友给你做面试官，让他们给你挑毛病。自我介绍要语言精练、概括性强、内容丰富、亮点突出。让他们给你指出自我介绍的优缺点，你再不断修改、完善。他们可以全面客观地评价你的举止、表情，有利于你纠正小动作。经过几次模拟练习后，你在面试场合的紧张情绪也就减轻了。

（作者：佚名）

思考与练习

1. 自荐的方式有哪些？

2. 大学生求职需准备的求职材料有哪些？

3. 四人为一小组，分角色扮演面试官和面试者，模拟现场自荐情景。

第二节　简历制作的基本准则

名人格言

生活里最重要的是有礼貌,它比最高的智慧,比一切学识都重要。

——赫尔岑

案例导入

劳动者工作履历造假,用人单位能否在试用期内解除劳动合同?

(来源:澎湃新闻,2018 年 11 月 17 日,有改动)

案例简介

陈某于 2017 年 1 月 5 日入职某电子公司,双方订立了为期 5 年的劳动合同,约定其担任品牌营销经理,月工资 3.3 万元,试用期为 6 个月。

入职 2 个月后,电子公司向陈某发出《试用期解除劳动合同通知书》,以不符合录用条件为由与其解除了劳动合同。陈某不认可电子公司的解除理由,遂提起劳动争议仲裁,要求电子公司支付违法解除劳动合同赔偿金。

庭审中,电子公司提交了《求职登记表》《入职承诺书》及一份民事判决书,佐证陈某伪造重要工作经历,工作能力及工作表现与其工作履历严重不符。

陈某填写的《求职登记表》显示,其 2012 年 1 月至 2015 年 10 月期间担任某广告传媒公司的市场部经理,月工资为 3 万元。在《入职承诺书》中,陈某承诺,在应聘时提供虚假材料或没有如实说明与应聘岗位相关情况,属于不符合录用条件,电子公司无须任何理由即有权解雇本人。

民事判决书的内容显示,2014 年 1 月至 2015 年 10 月期间,陈某担任某外地股份公司的经理助理,月工资为 4 000 元,其提出诉求,要求该股份公司支付延时加班费、休息日加班费、未休年休假工资补偿及违法解除劳动合同赔偿金等。

陈某对上述证据的真实性均不持异议,声称其在外地股份公司的工作是兼职,故没有写入工作履历,但未能就其主张提供证据证明。

争议焦点

劳动者工作履历造假,用人单位能否在试用期内解除劳动合同?

处理结果

仲裁委审理后认为,陈某在入职时虚构重要工作履历,所填报的工资收入与实际收入差别巨大,其所表现出的工作能力、工作经验与工作履历不符,电子公司在试用期内与其解除劳动合同符合法律规定,故裁决驳回其仲裁请求。

案例评析

诚实信用原则是用人单位与劳动者在订立劳动合同的过程中应遵守的基本法律原则。同时,按照劳动合同法的相关规定,用人单位和劳动者均有如实告知对方与订立劳动合同直接相关事项的法定义务。

本案中,陈某虚构本人的重要工作履历,完全可能导致电子公司在判断其业务能力、履职能力、工资标准、职业忠诚度及最终决定是否录用时产生重大误判。

此外,电子公司亦在《入职承诺书》中明确告知陈某,在应聘时提供虚假材料或没有如实说明与应聘岗位相关情况的,属于不符合录用条件,故电子公司的解除行为符合法律规定。

应当指出的是,用人单位在招聘时,应对劳动者的相关资历进行仔细审查,避免录用后发生争议。

(作者:云岭政法)

大学生作为国家培育的知识青年,不仅应在专业能力上对自己高标准、严要求,在个人行为上更应该体现出高素质。简历被誉为求职的“敲门砖”,是求职者与用人单位建立联系的桥梁,是大学生向用人单位推荐自己的书面材料和第一份有形载体。它向用人单位清楚、准确、全面地传达了求职者的相关信息,是求职者获取面试机会的重要材料。在制作简历的过程中,大学生应遵循以下基本准则。

一、真实准确

真实是简历制作的最基本原则。招聘单位在筛选简历时,非常注重求职简历的真实性。大学生在写简历时要诚实地记录和描述,展示自己的真实能力和水平。简历中的信息,包括姓名、性别、出生年月、籍贯、户口所在地等,要准确无误。准确的简历信息也向求职单位表达了一种态度,表明求职者会是一个工作态度认真、做事规范仔细的员工。

大学生在填写简历时,还需要保证所填写的电话号码、电子邮箱地址真实有效。如果联系方式有误,那么很可能导致用人单位联系不上大学生,大学生因而错失一次工作机会。

一份优质的简历还要求用字用句的准确和规范,在简历中一定不要出现错别字,某些招聘者看到错别字时甚至会停止阅读,因此简历制作好后一定要认真校对文字。在用句上,要避免直接出现"他们""我""你们"等人称代词,最好直接省略主语或使主语隐含于句子之中。求职简历上尽量用短句,让表述更精练。

在求职就业时,往往有人想在简历中做假,这是千万不能做的,因为"假的永远真不了"。一份真实准确的简历不仅能够赢得求职单位的信任和好感,也能让用人单位更加明晰地了解求职者是否具备岗位的能力要求。用人单位的面试官一般都具有丰富的人事经验,造假或夸大其词一般逃不过他们的"法眼"。不论是学历还是经历造假,都是对个人品牌的透支。如果用人单位在调查中发现求职者的经历和简历不符,就可能取消对该人的录用,还可能在公司内部系统或招聘的第三方机构记录下求职者的失信行为。因此,大学生在撰写简历时的明智做法是对简历进行科学取舍,力求真实、准确。

二、内容全面

简历作为连接求职者和招聘方的信息媒介,它的核心目的是展现求职者自身的工作能力和潜力,帮助求职者获得面试和工作的机会。简历的作用就是让陌生人能够在短时间内了解求职者的基本情况，因此简历的内容应该全面。简历中要包含个人基本信息，如姓名、性别、家庭住址、户口所在地、教育背景、专业技能、工作经验、特长爱好、奖励荣誉等。

教育背景是简历中的精华部分，大学生一定要根据自己的真实情况填写得详细、清楚。实践证明，求职者的教育背景与其知识储备量、能力和发展潜力密切相关。不少用人单位会根据教育背景决定是否为求职者提供面试机会。

简历中专业技能和工作经验是非常重要的部分。工作经验可用于支持求职者的工作能力，这至少能够证明求职者有学习、研究并尽快适应相应工作的能力。因此求职者要把与招聘职位相关的工作经验较详细地列出来，掌握的某种和工作直接有关的知识或技能要尽可能写得详细一些。如果个人熟悉某一领域的技术，应毫不谦虚地写出来，如果有其他行业的工作技能也不要省略，因为一份详尽的简历能让用人单位全面了解求职者的工作能力和工作潜力。应届毕业生缺乏工作经验，可在简历中侧重描述自己掌握的专业技能、曾参加的社会活动、实习经历等。

在简历中写明特长爱好也是十分重要的。特长爱好从侧面反映了求职者的性格取向，展现了求职者在学习和工作以外的天赋和才华，能够让其在众多专业相同的竞争者中展现自己独特的一面。有突出的且与工作相关的兴趣爱好的求职者在同等条件下被聘用的可能性较高，因此可以详细填写。例如，个人若擅长乐器，而应聘的工作与音乐、艺术相关，就应该在简历中写清楚自己会的是什么乐器，最好清楚地写明自己的等级、参加过的重大演出、获得的奖项等。

除了以上基本信息，简历上还应该写明个人的求职意向，某些用人单位要求求职者在求职意向中要明确写出期望薪水、期望工作地点、期望行业、期望工作职位等。求职者要根据自己的情况清楚地填写，让用人单位更好地了解自己对职业的规划。这样用人单位在阅读求职者简历的过程中，也会更加关注简历的内容是否和其意向职位所要求的能力相匹配，才能更准确地判断求职者是否适合所投递的岗位。

三、重点突出

简历不仅要全面展现个人情况，更要让别人看出你的求职优势所在，所以一定要围绕展现自身的价值来写。对于大学生来说,可以通过实习经历、在校成绩、竞赛经历、项目经历来展现自己;对于已工作的求职者来说,则需要通过工作经历、参与或主导过的项目经历来展现自身的能力和优势。大学生应该根据应聘职位的特点,在求职简历上重点突出与应聘职位相关的信息。

大学生在写简历之前,最好先仔细了解用人单位的基本情况,仔细阅读用人单位的招聘需求和目标职位的描述,据此进行必要的分析,结合自身情况在简历中突出与岗位相关的信息,突显自己的优势。由于时间和精力的关系,大学生往往喜欢拿一份简历海投,这其实是投简历的大忌。大学生渴望获得更多的心仪单位的面试,需要多投递不同的单位和岗位,但同时需要根据不同的单位和岗位对简历进行相应的调整和修改,因为不同的单位和岗位需要求职者具备的能力各不相同,大学生应该"投其所好"。比如如果投视频剪辑师岗,那么简历上就应该尽量填写与视频剪辑相关的内容,比如做过视频剪辑包装、帮助别人剪辑过视频、有视频作品等。这样一份突出相关经验的简历才更符合招聘方的需求,个人获得面试的机会也更大。

四、版面美观

简洁、大方、富有创意的求职简历往往更容易引起用人单位的关注。简洁明了、主次分明的排版风格是非常重要的,我们应该尽量把重要的信息放在醒目的位置。一般来说,求职简历不宜超过 2 页,重要的内容要放在第 1 页。如果是单张简历,那么简历上不要出现空白。

简历应体现出求职者的清晰的思路。可以将简历划分为几个模块,如"教育背景""实习经历""所获奖励"等。每个模块建议按照倒序规范填写,突出自身在目标岗位上的优势。

一份简历中的字体不要超过 3 种,全篇可使用 1 种字体,过多的字体会让简历显得杂乱。不要用艺术类的字体;中文字体最好用宋体、黑体、楷体、微软雅黑等,英文字体最好用 Times New Roman 等。正文的字号最好是 12—14 号。建议在简历上突出关键字,加粗显示就可以,但不建议突出的文字过多,突出最核心的内容就可以了。

简历中每个模块的标题都应该和正文对齐,这样视觉上会非常美观。

当然适当的留白也很有必要，应给简历留出适当的页边距，模块之间也应有空距，因为如果整页都是密密麻麻的文字，会让用人单位在阅读时感到疲劳，影响他们对求职者的印象。

此外，发送简历也有其规范，建议发给用人单位的简历最好用 PDF 格式，这样可以确保对方看到的就是你精心制作的简洁的简历。如收到面试通知，可携带一两份纸质简历前往用人单位，方便用人单位阅读，注意简历要用白色 A4 纸打印。

拓展阅读

自己"提拔"自己！就业季高校毕业生屡现简历"吹牛"

（来源：新华社，2016 年 1 月 5 日，有改动）

学生会干事变成干部、共青团员"眨眼"成共产党员、短期培训就成名校毕业……正值高校就业季，类似的简历造假、文凭"注水"现象，在一些高校毕业生求职中已成公开的秘密，甚至出现比拼造假现象。

记者连日来在多场校园招聘会上发现，一些大学生的求职焦虑并未减轻。有的毕业生认为简历"注水"成本低、核实难，于是"铤而走险"。"骗来"的饭碗端不稳，这种不良风气的蔓延，不仅提高了用人单位的招聘成本，而且严重危害社会公平正义。

"自己提拔自己"　简历变"高大上"

"经济下行压力加大，大企业都减少招聘了，找工作能不难吗？"在一些校园招聘会上，不少大学毕业生深刻感受到今年就业市场的严峻形势。一些党政机关、事业单位和企业在招聘时直接注明"学生干部优先"，还有的单位对应聘者的政治面貌做出明确规定。

谁愿意第一轮就被淘汰呢？记者调查发现，为了争取就业机会，一些毕业生夸大简历信息，给简历"注水"。应届生论坛上甚至有人认为"简历不造假，十足一大傻"。

——把自己"发展成"党员。国际关系学院就业指导中心主任魏斌在工作中就发现，有些学生明明是共青团员，简历上却写成中共党员。类似修改政治面貌的学生就有三五例。

——"自己提拔自己"。北京语言大学吴姓辅导员介绍,有些学生本来是学生会某干事,却在简历中写成学生会某部部长。有的学生明明是某部部长,却写成学生会主席。类似夸大简历的学生占学生总数的十分之一左右。

——在简历中虚报学历。小盛原本是某戏剧学院学生,参加了北京某知名高校的短期培训后,就在简历上写自己是该校硕士毕业生,"如愿"进入北京一家事业单位后被发现造假,最终被单位辞退。

——简历"无中生有"。北京一高校学生小田说,他女朋友曾编造在一个知名企业的实习经历,包括职位、工作内容、业绩。"为了让编造的实习经历显得更真实,我还和她一起专门查阅相关网站和行业资料,熟悉这家公司的业务。"

黑龙江万家宝鲜牛奶(投资)有限公司人力资源部招聘经理程雨佳介绍,当前毕业生求职简历"注水"现象不在少数,"我所接触的毕业生简历中,平均每5份就有1份存疑或不实。"

不想付诸劳动　投机风气日盛

在就业压力下,不少学生对自己并不自信,总想让自己的简历显得"高大上",有的又不肯踏踏实实补短板,就对简历进行"注水",以求最高限度达到用人单位筛选简历的标准。

简历"注水"的成本低。南开大学周恩来政府管理学院社会工作与社会政策系教授吴帆说,社会上没有统一的诚信数据库,求职者的简历一旦被查出"注水",顶多是失去当前的求职机会,并不影响以后求职。

学校在监督方面也显得能力不足。成都信息工程大学信息安全工程学院许老师说,对于简历"注水",学校坚决反对。但学生投递的简历大都不给老师核实,学校暂时没办法阻止毕业生拿着"注水"简历去求职。

不要注水的光彩　坚守诚信的准则

有些岗位摆在那儿,学生挑别不愿去;心仪的岗位或单位用人又明显萎缩。"大学毕业生要转变就业观，不可能'人人皆白领，人人坐办公室'。"黑龙江省社会科学院研究员赵瑞政认为，高校毕业生应确立符合实际的择业观和创业观。

中国人民大学新闻与传播学院硕士研究生赵睿说，以虚假简历获得求职机会，对其他竞争对手是不公平的。企业的招聘名额有限，真正有能力的学生可能会因此丧失一些机会。

简历"注水"增大用人单位的招聘成本。谷实农牧集团股份有限公司人力资源部人力资源专员丁利说，用人单位投入人力物力来对简历真伪进行核实，有些求职者在最终签约阶段甚至招录后才被发现简历信息不实，造成资源浪费。

赵瑞政认为，简历"注水"不是小事，有悖我国诚实守信的传统美德，一旦让不守诚信的风气在学校乃至社会中蔓延，会危害其他竞争者和用人单位，还会损害社会公平正义。

吴帆建议，高校要加强对学生的诚信教育，对求职简历把关、审核，从源头堵住简历"注水"，同时加强社会诚信体系建设，在人才交流中心设立求职者"黑名单"制度，方便用人单位查询，以减少失信行为。

（作者：杨喆）

思考与练习

1. 制作简历，应该遵循哪几项基本准则？
2. 简历的基本内容包括哪些？

第三节　简历制作技巧

名人格言

知识使人变得文雅，而交际能使人变得完美。

——托马斯·富勒

案例导入

个性简历让你求职赢在起跑线上

(来源:中国人才网,2017 年 11 月 25 日,有改动)

一些求职者为了使自己的应聘简历脱颖而出,纷纷另辟蹊径,力求以"个性化"的简历展示出自己的特长和风采,以吸引招聘人员。

视频简历

所谓视频简历就是事先把求职者的言谈举止用摄像机拍下来,然后刻在光盘上。由于视频简历的可视性、可听性、真实性,求职者在应聘中大放异彩,求职取得许多意想不到的效果。

湖北省高校毕业生招聘会上,毕业生小曾的视频简历一开始出现的是他在校辩论赛上唇枪舌剑、技压群雄的珍贵场面,几分钟后他又出现在舞台上,引吭高歌一首《冷酷到底》,过一会儿镜头锁定绿茵场上他一记精彩的凌空抽射……全方位地展示出了自己的特长和风采,令招聘方十分满意。第二天公司通知小曾直接去上班,连面试都免了!

[点评]

视频简历的最大意义在于,它颠覆了传统的求职方式,使传统求职简历上用文字方式表达的"特长介绍"等多项内容变得具有可视性、可听性,从而在客观上提升了求职者履历的可信度和深刻度。

Web 简历

徐同学以前学的是计算机专业,利用自己的专业知识和兴趣爱好,他和朋友花了两个星期的时间为自己做了一个漂亮的简历网页,里面有他各种详细的介绍,包括一整套大学学习成绩查询系统,以及历年来在各大报纸杂志上发表的专业文章及其链接,只需要鼠标轻轻一点,关于他的各种资料便一目了然。

［点评］

在信息时代，这种简历在各方面显现出了它的优势，信息细致全面，易于查询，操作方便快捷，完全摒弃了纸质简历的厚重、烦琐，还可以为求职者省下一笔不小的复印费。

卡通简历

某师范大学的卢同学在自己的简历上设计了各种卡通形象，内容详细周密，版面活泼生动，活力和朝气扑面而来，结果她被天津某幼儿教育学校高薪聘用了。该校的校长解释说，我们需要的就是这种富有创意、童心未泯的女生，从她的特色简历中我们能够看到卢老师应该是一个有爱心、爱护学生的好教师。

［点评］

卡通简历的成功有它的必然性，但是也有它的偶然性，它并不适合所有的求职者。一位资深专家指出，如果求职者的求职意向是部门主管等较为正式的职位，满纸涂鸦的卡通简历不但不能帮上一点忙，反而会让 HR 觉得此人过于天真、不成熟，因而失去了机会。

写真简历

现在不少女性的简历上多了这么一项内容——个人精美写真集。当招聘人员千篇一律、周而复始地翻阅着一大堆密密麻麻的文字简历时，突然几张精美的个人写真照片映入眼帘，能使他们眼睛一亮，对求职者产生一定的好感。正是基于这种微妙的心理作用，这种先声夺人的写真简历在女性求职者中颇为流行。

［点评］

专家提醒：此种"博眼球"的简历中写真照片的数量不宜过多，选取较有代表性的几张即可，而且写真照片上的穿着要注重端庄、职业化，显示出自己的自信与大方，切忌过于暴露，那样反而给人花哨、不务实的不良印象。

（作者：佚名）

简历是求职者取得面试资格的通行证，其优劣直接影响着求职的成败,因此,掌握简历制作技巧,能够制作一份高水平的简历,是大学生求职需要具备的一项基本技能。

简历要"简",更要有力,大学生需遵照简历制作的基本准则,概括介绍个人情况,如姓名、出生年月等,对教育背景、求职相关技能、成就、经验等则要做重点陈述。

一、个人信息

个人信息应该准确、醒目、简明,需包括姓名、地址、电话号码、电子邮箱地址等,主要是为了方便用人单位获取求职者的联系方式,以供之后通知求职者面试。

根据不同用人单位的要求,个人信息部分有时还需要填上求职者的年龄、政治面貌、籍贯、民族等。一般国企、事业单位倾向要求求职者在简历中给出较全面的个人信息,大多数国企认为性别、年龄、籍贯、政治面貌、民族等是重要信息,而外企则认为这些信息可不填。

关于姓名。对于中文简历,可直接写出姓名,如果姓名中含有比较生僻的字,最好在旁边标注汉语拼音,这体现了"读者意识",可以赢得用人单位的好感;对于英文简历,除了写上自己姓名的拼音外,还可以加上英文名。

关于地址。完整的地址由"行政区划+街区名+楼房号"三部分组成,中文地址由大到小排,英文地址由小到大排。有些用人单位会考虑求职者的住址是否与本公司相近,因此对于异地求职的大学生,如果能够在简历中注明自己已经身处用人单位所在城市,可能令用人单位优先考虑邀请面试。

关于联系方式。联系电话如果是固定座机,则需要在电话号码前加上地区区号,在求职阶段一定要保持电话畅通,以便及时接听公司来电,不错过机会。电子邮箱地址的用户名要显得专业,建议采用姓名的拼音加数字,原则上不宜太过花哨。

示例:

个人信息:

姓名:刘三

联系方式:135××××6689(手机) 213××××64@126.com(电子邮箱)

地址：成都市郫都区××路××号

出生年月：××××年××月　政治面貌：××　籍贯：××

二、教育背景

教育背景指一个人的教育经历，内容一般包括于何时、何地、何所学校学习何种专业，获得何种学位。填写顺序一般由高至低，即从最高学历写起。学习起止时间、学校、学院或专业、学历、学位是必填信息，而研究方向、主修课程、辅修课程、研究项目、成绩排名等则可根据用人单位的需要选择填写。

关于学校。就读的学校有助于用人单位了解求职者的学历高低。如果大学生就读的是一所名校，那么它很可能是求职的加分项，可以在简历中将其加粗显示；如果大学生读的是非名校，则可以不加粗，侧重介绍自己的实习、实践经历扬长避短。

关于专业。专业指向的就是一个人所具有的专业知识，如果大学生投递的岗位与专业吻合，那么可以着重强调自己的专业，甚至列出专业课程；如果大学生想跨专业求职，那么就应该提前做好职业规划，在大学期间辅修或选修与期望岗位相关的专业课程，着重强调与期望岗位相关的实习经历或社会实践经历。

关于成绩。GPA（平均学分绩点）数据直观明了地说明了大学生在校的学习情况。如果个人的 GPA 较高，那么可以在简历中标明，并附上简短的说明性文字，如"专业排名：班级前 5%"。

示例：

教育背景：

2016.9—2019.6　四川大学　传播学　硕士　GPA：3.9　排名：15

2012.9—2016.6　成都大学　新闻学　本科　GPA：3.5

三、工作经历

对于大学生来说，工作经历一般填写个人实习和实践经历。近年，用人单位在校招时越来越关注大学生参与了哪些社会实践、学生实习、项目实训活动。因此，大学生应该在简历上列出参加过的活动，并写明自己在其中担任的角色和承担的任务，通过实践活动内容让用人单位了解自己的交际能力、组织能力、心理素质与发展潜力。注意在写活动经历的时候，还要描述活动效果，突出自己的业绩。

示例：

实习经历：

2018.5—2018.8　大学生支教公益活动

工作内容：主要负责组织班级同学参与支教活动，代表支教团队与校方沟通活动相关事宜；在××小学支教 3 个月，认真做好教学工作，为贫困山区教育的发展贡献力量。

在简历中，用数字来描述工作业绩，是非常直观和有说服力的。而在工作内容的描述上，所用词句的恰当与否也影响着用人单位对求职者工作能力的判断，如果大学生做过商店收银员、在餐厅打过零工或当过家庭教师，则在简历中应该偏向于使用营销、销售、教学等专业化词语来描述这段经历。另外，在罗列经验的过程中，应该尽量将与应聘岗位相关的实习实践经历放在前面重点描述，将不相关的经历略写。

四、技能与特长

（一）技能

技能指的是大学生掌握和运用专门技术的能力，一般通过专业技能证书、专业技能比赛证书、专业技能比赛成绩等来体现。部分用人单位还会要求大学生提供外语、计算机等级证书。根据岗位能力要求的不同，用人单位要求求职者提供的专业技能证书也不一样。如：律师岗位会要求提供律师执业证，医生岗位会要求提供医师资格证，教师岗位会要求提供教师资格证等。专业技能证书不仅反映了求职者的技能水平，还表明了该求职者具有从事该项工作的资格。

示例：

专业技能：

CET-6,545 分；全国计算机二级；获高中数学教师资格证

（二）特长

特长是指一个人在专业之外所具有的特别的能力，是一个人有别于他人的特殊方面。一个人可能具有多个方面的特长，如艺术方面、运动方面、语言方面等。

一般来说,除非用人单位专门提出要求,否则不建议将过于偏向休闲娱乐类的特长写在简历中,以免画蛇添足。如果用人单位明确要求求职者填写特长,大学生可以根据岗位的能力要求,写上与岗位相关的特长,不宜太多,两三项即可。

五、所获奖励

大学生可将大学期间所获奖励按照奖项的大小或获取的先后顺序罗列出来,再按奖项的性质和级别,精选出与应聘岗位的关联度大、含金量高的奖励,最好能够标明该奖励获取的难度和含金量。

示例:

所获奖励:

2018 年　四川×××大学×××奖学金

2019 年　成都市青羊区大学生创新创业大赛一等奖

2020 年　校优秀学生会干部

不少大学生在描述个人所获奖励时,贪多求全,毫无主次地堆叠,占用了大量篇幅,却不能给用人单位留下深刻印象,在简历筛选阶段就被淘汰,务必引以为戒。

下面是一份完整的大学生求职简历,供参考。

求职简历

姓名:李××

联系方式:135××××8429(手机)　21××××6794@126.com(电子邮箱)

住址:成都市郫都区××路××号

出生年月:××××年××月　政治面貌:××　籍贯:××

目标职位:×××公司财务管理

教育背景

2017.9 至今　××大学　财务管理专业　本科

主修课程:金融学、会计学、经济学

专业技能

英语能力:CET-6,529 分;CET-4,498 分

计算机能力:全国计算机二级,熟练操作 Microsoft Office 办公软件

专业证书:注册会计师证,基金从业资格证

学生工作

2017.10—2018.6 学生会组织部部长

工作内容:学生会的组织协调工作;校大型晚会组织工作;组织策划成都市青年创业大赛项目。

实习经历

2018.6—2018.10 成都市锦江区税务局财务部助理

工作内容:税务部门档案的签收、整理、下发;财务数据的计算、核对、分析;财务系统调查报告的调研和评估。

2019.4—2019.6 中国银行金牛支行业务员

工作内容:向客户提供信用卡、贷款、储蓄等业务咨询服务;通过电话和拜访的形式营销信用卡(共计业务量256张);整理银行贷款文件。

所获奖励

2018 年 校优秀学生干部

2019 年 国家奖学金

2020 年 中国大学生营销策划大赛优秀奖

总而言之,大学生在制作求职简历时,一定要按照岗位的需求,抓住简历要素来写,将简历中与岗位相匹配的信息重点标出,次要内容略写。简历的排版也要清晰有序、层次分明。一份详略得当、重点突出的简历更能够在众多简历中脱颖而出,获得用人单位的青睐。

拓展阅读

HR 教你极品简历怎么写

(来源:岩土人才网,2014 年 7 月 9 日,有改动)

"铁打的校园,流水的学生",又到一年一度的招聘高峰期,新一届的毕业生们开始踏上漫漫求职路。好的开始是成功的一半,求职当然也不例外,小编精心搜集了众多 HR 的意见,为大家准备了一份优秀简历必备的要素和写作攻略,如果你不知道如何写简历,就赶快来学习吧!

一般来说，一份完整的简历，应该包含以下 8 个部分的内容：

（1）姓名：必须写。这好像没什么疑问，你得让 HR 们知道你是谁，否则真让你面试，都不知道该怎么称呼。这一点大家做得比较好，从没遇到过忘写名字的。当然，对于一个忘写名字的人，HR 们是绝对不敢录用的，原因很简单，连自己的名字都能忘写，还有什么不敢忘的？

（2）性别：最好写。在简历中不写性别的，女生居多，可能是怕被人知道了性别被歧视，但大部分 HR 是能够从姓名判断出性别的，即使你的名字很中性，在面试时也还是会"暴露"，如果用人单位有性别歧视，你最终获得工作的机会也比较小，因此，建议还是标明性别比较好。

（3）年龄：无所谓，想写就写，不想写也没关系。一般来说，刚毕业的大学生年龄也不会大到哪儿去，但有些研究生毕业时年龄可能偏大，可能因为在 35 岁以上而遭遇年龄歧视，建议这些毕业生不要写年龄，否则用人单位可能因为年龄问题把其他优点否定了，连面试的机会都不给。

（4）学历、学位、专业：一定要标明，这是 HR 最关注的重点内容之一。

（5）政治面貌：视情况而定，如果不是党员，一般就不要写了；如果是党员，在投递大型国企、事业单位时，一定要注明，这些单位对求职者是否是党员还是很看重的，在同等条件下，党员有绝对的优势，而投递外企或私企时，影响不大。

（6）身高体重：视情况而定，一般没必要写，除非你的身高体重能为你加分。找工作不是选美，大部分的工作对任职人员是没有身高体重的要求的，而且，对于身高体重不是非常标准的人来说，过早暴露一些无关紧要的信息，很可能让你失去展示自己其他优点的机会。道理很简单，求职者无法明确知道 HR 们的选择标准，因此简历中要尽量展示优点，排除干扰。当然，如果岗位的任职要求中明确表明身高体重要求的，或者你寻找的是类似模特、空姐的工作，就一定要写明身高体重。

（7）联系方式：一定要有。没有联系方式，HR 就无法联系到你，你怎么可能收到面试通知呢？如今手机已经基本普及了，因此，简历上的联系方式以留个人手机号码为宜,并注意保持手机通话畅通,以免错失 HR 的来电通知。关于联系方式的位置,很多人喜欢放在简历的前面,而 HR 建议可以放在后面,因为没有哪个招聘人员一上来就对你的联系方式感兴趣,还是把其他的重要信息放在前面好。

除此之外,还有一些毕业生的简历上会写明身体状况,往往就两个字:良好。这也不是很必要,目前大部分企业在与员工签订正式合同之前,都会组织员工进行一些常规性的体检,这部分内容也不需要在简历中体现。

(8)求职意向:求职意向这一栏很难写,原因有两个。一是应届毕业生没参加过工作,对工作没有很深入的了解,很多毕业生在写简历的时候对自己到底能做什么、想做什么,没有明确的概念。二是应届毕业生的简历没有针对性,很多人的简历就是"一站通",求职意向上写着无数个职位,而且有的职位跨度很大,没有丝毫的联系。这其实是一种让人摸不着头脑的写法,看起来你好像是个全才,什么都能做,可是又没有明确的目的性,HR 不知道你到底能做些什么。求职者的这种心态可以理解,写少了怕局限了自己的选择。要解决这个问题,其实有两种方法,一是明确自己的目的,可以看看师兄师姐们都做什么工作,有个大概了解,然后根据自己的兴趣进行选择。另一种做法则是多准备几份不同的简历,每份简历只写一个求职意向,简历的其他内容全部围绕着这一主题写,这样的简历看起来会更有针对性,也更容易受 HR 的青睐。

还有很重要的一点,毕业生要记住,有理想有抱负是好事,但一个公司录用毕业生,往往都是安排毕业生从最基层做起的,因此,求职意向不要写的太高,尽量挑选一些基层岗位。一开始就在求职意向上写上类似战略管理、某某经理这样的岗位,会让 HR 认为你好高骛远。

此外,HR 透露,很多大企业在招聘应届毕业生时,是很少看求职者的求职意向的。在企业看来,毕业生的可塑性极强,一个毕业生被录用后,企业会对其进行入职培养,并在实际工作中把毕业生改造成企业需要的人才,因此对毕业生的求职意向,一般不太关注。

(作者:佚名)

思考与练习

1. 简历的要素有哪些？
2. 在填写一份简历时，描述技能和特长有什么需要注意的？
3. 自己制作一份简历，小组互相点评。

第四节　了解笔试与面试

名人格言

心诚气温，气和辞婉，必能动人。

——薛宣

案例导入

面试奇葩题频频出现，冷静中规中矩还不行，你需要发散思维应对

（来源：光明网，2020 年 4 月 13 日，有改动）

很多面试官都会根据自己岗位所需人才的不同要求而去制订专门的面试题。他们希望这些面试题能够将他们需要的人才从众多前来面试的人员中筛选出来，也因此，这些面试题大多习钻古怪。

在这些奇怪的面试题中，有些题甚至像脑筋急转弯一样，面试者们明明按照自己的想法回答了，而且觉得自己的回答完全无误，但始终不是面试官想要的那一个，最终只能与自己想要的工作失之交臂。

1. 奇葩面试题之《水浒传》里的英雄好汉

《水浒传》作为四大名著之一，哪怕大家没有看过，但也多多少少知道一点。前段时间朋友去面试的时候，就遇到一个以《水浒传》的内容为题目的面试题。大家估计觉得很奇怪，以《水浒传》的内容为面试题，难道是招聘图书馆管理员？

自然不是。事实上，朋友去面试的这个岗位和历史、文学没有半点关系。

当时面试官出的题目是这样的：《水浒传》中有多少英雄好汉？

因为是一题对多人，所以很多人都针对这个问题回答出了自己的答案，大多数的人都说是108个，也觉得这个答案没有任何的问题。毕竟《水浒传》中的英雄好汉就是108个，这看起来也像是正确答案，但回答108个的人通通没有通过面试。

这可让后面的面试者们想破了头。按照书里记载的，这就该是108个才对，怎么会不是正确答案呢？朋友思考了一下自己所面试的这个岗位的岗位特性，然后向面试官给出了自己的答案。

他说，水浒传里的英雄好汉是0个。这句话一出，所有的面试者都盯着他。

朋友没有慌张，他只是坦坦荡荡地告诉面试官们，《水浒传》里的人虽然都有大义，够豪情，但是对他们自身而讲，他们其实并不想走上这条路，他们期待的也是能够堂堂正正地活着，过自己平平凡凡的日子。

所以朋友觉得，这个答案是0。

虽然这个答案出乎面试官的意料，但面试官却觉得朋友是个非常有主见，也非常有自己想法的人，所以，朋友最终通过了面试，取得了这份工作。

2. 面试时遇到奇葩问题怎么办？

（1）沉着冷静找思路。

面试时遇到奇葩的问题其实并不可怕，因为你哪怕不在这里遇到奇葩问题，也可能会在下一个地方遇到。所以千万不要因为面试问题奇葩就感到泄气，也千万不要因为自己不知道答案就轻易慌乱。

要知道，如果我们当时就慌了，那这场面试基本上也就黄了，只有沉着冷静下来，仔细去推敲答案，我们才有通过这次面试的机会。

更何况，面试官其实能够看出面试者在答题时的状况，而这个状况也会成为他们判定我们的第一个印象分的依据。所以，一个慌乱的面试者基本上在瞬间就会被他们打上遇事不冷静的记号，哪怕后来回答对了问题，也不一定能够得到这份工作。

所以，我们在遇到问题的时候，一定要先冷静下来，慢慢去寻找思路。只有这样，我们才能够得到面试官的第一个印象分，也能够借着冷静的思维态度去找到真正的答案。

（2）站在考官角度思考问题。

想要在面试中拔得头筹，得到面试官最心仪的答案，那我们从一开始就必须要端正自己的思路，从面试官的角度去思考问题。

如何从面试官的角度思考问题呢？其实很简单。了解清楚这个岗位所需要的人才是怎么样的就可以。比如说，如果自己面试的岗位是销售类的，那他们需要的人肯定是思维灵活，能够迅速解决问题，而且口才比较好的人，只要照着这个思路去想就不难得到答案。

我们要知道，面试官设立问题的初衷就是为了在广大的面试者中寻到最适合这个岗位的那一个人，他们的出发点肯定也是按照这个岗位需要的人才的特质来定的。

就像朋友遇到的那个面试题，面试官判定他通过，不是因为他这个答案是真正的标准答案，而是因为这个答案合面试官的胃口，面试官能从这个答案中得出朋友是个有主见的人。所以他们才会选择朋友。

（3）学会发散思维。

其实，所有的面试题都没有一个标准答案，面试官们考察的，不过是能够从这个答案中反映出的大家的某些特点而已。

比如说，有的人会因为面试题不符合常理直接暴走，甚至在面试场合怼面试官，这就显现出这位面试者遇事不冷静，甚至过于自我的特点。

还有的面试者在不知道答案的时候会直接告诉面试官自己不知道，这也能够反映出他们不爱思考，但是比较诚实的特点。所以，面试题就像一个照妖镜，能够造出面试者们最本质的特征，以及面试者们最显著的特点。

那么，我们就必须利用这一点，在思考答案的时候发散思维，尽量把自己的优点融合到这个答案中去，比如有主见，或者思维活跃等。

只要能够让面试官感受到我们的突出之处，并且这个突出之处是符合岗位要求的，哪怕我们的答案不对，我们也能够顺利通过面试。

在面试中遇到奇葩的问题不可怕，可怕的是我们刚开始就用僵化的常规思维去看待这些面试题。事实上，这样并不能够反映出我们的特色，我们最应该做的就是先沉着冷静地找思路，然后再站在面试官的角度去思考问题，最后发散思维，将自己的优点和特色融入面试的答案里。这样一来，面试官就能够判断出我们是否适合这个岗位，我们过关的概率也就大一些。

（作者：萧毅哥）

在招聘中，除审核求职者的求职材料外，用人单位会采取笔试、面试等形式，对求职者的综合素质进行考查和评估，确定录用人选。笔试和面试是求职者充分展示个人才华，争取职位的关键一步。

一、笔试、面试的形式与内容

（一）笔试

在招聘各环节中，笔试相比面试而言，是一种固定性更强、稳定性更高的筛选方式。多数用人单位会在简历筛选后，采用笔试的筛选方式，以选出符合岗位需求的求职者。

用人单位会根据求职者的笔试作答情况，来判断求职者是否具备本岗位所需要的基本素质和能力。笔试考查类型一般包括辅助测试、专业知识能力测试、综合能力测试和英语测试四种。

1. 辅助测试

辅助测试一般包括性格测试、职业能力倾向测试。测试的目的主要是寻找和用人单位文化、特质一致的求职者。

2. 专业知识能力测试

某些岗位要求求职者达到一定的专业技能水平。考试主要考查专业技能和专业基础知识。

3. 综合能力测试

综合能力测试一般考查求职者的综合素质，测试求职者是否具有与岗位相匹配的能力。考试题型一般有语言理解与表达、数量关系、判断推理、常识判断、资料分析等。

4. 英语测试

如今，越来越多的用人单位对求职者的英语能力要求越来越高，笔试中会考查求职者的英语阅读、写作能力，可能考查听力；面试时还可能对求职者的口语水平进行测试。

（二）面试

面试是面试官通过面对面的交流和观察，对应聘者的能力和个人素质进行考查的一种活动方式。面试的形式主要分为以下 3 种。

1. 个体面试

个体面试比较常见。一般流程是自我介绍、考官提问、考生发问等。个体面试倾向于考查求职者的专业能力和语言表达、逻辑思维方面的能力。大学生应该在面试前准备 3~5 分钟的自我介绍，以精练的语言向面试官介绍自己的基本情况和核心竞争力，作自我介绍时应做到从容自然、自信大方；面对面试官的提问时，应该真诚回答，不要不懂装懂，被问及自己的短处，应该积极化解。在整个面试过程中，大学生都要面带微笑，表现出礼貌谦虚的态度。面试时，面试官可能采取结构化面试，对应聘同一职位的所有面试者使用相同的面试题目；也可能采取非结构化或半结构化面试，根据面试者的情况随机提出一些问题，或讨论各种话题。

2. 多人群面

即无领导小组讨论面试。用人单位可能会组织 8~10 个求职者进行小组集中面试。小组群面通常会由面试官给定一个问题，让小组成员进行讨论。这样做的目的是考查求职者的组织协调能力、口头表达能力、人际沟通能力等。大学生在面试过程中要积极进取、反应灵活，在突显个人才干的同时，也要展现团队意识和全局思想。面试中，大学生要注意控制自己的手势、表情，不要滔滔不绝，而要懂得倾听，在适当的地方条理清楚、逻辑清晰地阐述自己的观点；小组讨论中发生争执时，一定要保持情绪稳定，注重团队精神。

3. 情景面试

情景面试一般是给定一个情景，让求职者在模拟情景中解决某现实问题或达成某现实目标。通常这种面试具有针对性，是为了测试求职者能否应对工作中出现的问题，主要考查的是求职者的观察力、应变能力和处事能力。参加情景面试前，大学生需要对用人单位和应聘岗位进行调研，从面试官的角度去思考问题,掌握一定的交流技巧,才能够在模拟情景中化被动为主动。

【附：国家公务员招录的笔试和面试】

1.笔试

通常,中央机关及其直属机构录用公务员笔试科目包括公共科目和专业科目。公共科目笔试分为行政职业能力测验和申论两科,主要测查人员从事公务员工作应当具备的基本能力和基本素质,特别是用习近平新时代中国特色社会主义思想指导分析和解决问题的能力。

公共科目笔试要求详见中央机关及其直属机构当年考试录用公务员公共科目笔试考试大纲。所有报考者均需参加公共科目笔试。公共科目笔试全部采用闭卷考试的方式。其中,行政职业能力测验为客观性试题,考试时限 120 分钟,满分 100 分。申论为主观性试题,考试时限 180 分钟,满分 100 分。

（1）行政职业能力测验

行政职业能力测验主要包括常识判断、言语理解与表达、数量关系、判断推理和资料分析等部分。其中常识判断主要测查报考者在政治、经济、文化、科技等方面应知应会的基本知识,以及运用这些知识进行分析判断的基本能力。

（2）申论

申论考试是测查人员从事机关工作应当具备的基本能力的考试科目。申论考试主要通过考生对给定材料的分析、概括,评估其运用马克思主义哲学、行政管理等理论知识以公务员身份解决实际问题的能力,以及阅读理解能力、综合分析能力和文字表达能力。

2.面试

公务员考试因报考岗位所属系统不同,面试题也会存在一些差异,主要表现在各系统单独命题或统一命题。一般情况下,各系统单独命题会有较强的专业性,偏向系统内部的实务或专业知识;统一命题则偏向常规的结构化考题,并无明显的专业性。尽管面试题目的内容存在一定差异,但题量和面试时间的差异并不大。一般情况下,每套题包括 4 道小题,答题时间为 20 分钟。面试时通常按照考官读题、考生思考再答题的形式操作。

从历年国家公务员面试考试的整体情况来看，结构化面试仍然是各系统采用的主要面试形式，其形式主要有三种：一是普通结构化面试形式，二是材料结构化面试形式，三是"普通结构化+一材一题材料题（小材料题）"形式。除此之外，多人群面的无领导小组讨论面试形式，也得到了越来越多部门的认可与采纳。

（1）结构化面试

国家公务员结构化面试的题量以 4 ~ 5 道为主，一般情况下，4 道题的作答时间为 20 分钟，5 道题的作答时间为 25 分钟。此外，银监会为 6 道题，答题时间为 15 ~ 25 分钟。国家公务员结构化面试以测查人员的综合分析能力、计划组织协调能力、应变能力、人际交往意识与技巧为主，一些部门的面试中也会出现考查人员语言理解与表达能力、求职动机与拟任职位匹配度的题目。

（2）无领导小组讨论面试

国家公务员无领导小组讨论面试，在同一天考试的各部门均采用同一套无领导小组讨论面试题。考场提供阅读材料和纸笔，允许人员在材料上做标记，材料允许带入考场内，准备总时长约 20 分钟。场内讨论共计 70 ~ 90 分钟，讨论过程中考官不作任何提示。首先是个人陈述环节，每人 3 分钟，按照抽签顺序发言；自由讨论共计 50 ~ 70 分钟（视人数不同而定）；最后推举代表作总结陈词，时间 5 分钟。

提示：选调生笔试包括综合知识和申论两门。综合知识考试主要考查行政职业能力和公共基础知识；申论的考试范围和公务员申论考试一样，但相对简单一些，主要是考查综合知识。面试包括结构化面谈和专业测试，专业测试内容根据单位需要进行，不计入考试成绩。

二、面试的基本礼仪

面试中，面试者的仪表仪态影响着面试官对其整体形象的评价。因此，大学生在参加面试时应该对自己的仪容仪表进行一番修饰，用良好的礼仪展示自己的最佳形象，给面试官留下美好的印象。

（一）仪表礼仪

1. 面部干净

求职者的外表有时会直接影响求职的结果。求职者应"外正其容"，做到整洁干净。面试前,大学生应该做好面部清洁,不要脸上带污,男士还可剔去过长的胡须,女士可修理眉毛;保持口气清新;发型也应该简单、大方,最好不要染发,保持头发的清洁,给人清爽、精神的感觉。

2. 妆容自然

化妆是一种修饰形象的方法,它可以使人看起来更加精致。大学生参加面试时,适宜的妆容也可为个人形象加分。

面试的妆容应以自然、大方为宜。面试前大学生可化一个优雅的淡妆,掩饰或修饰仪容的不足,但千万不要浓妆艳抹,因为化妆只是一种修饰,是为了让人显得更有精神,一个自然的妆容对别人也是一种尊重。

3. 服饰美观

面试的着装要大方得体。合适的穿搭不仅可以美化人的仪表,还可以提升人的气质,让面试者能够以美好的形象出现在面试官面前。

大学生应根据应聘岗位的特性,选择合适的服饰。一般情况下,职业套装是比较通用、稳妥的着装。

男士的职业套装通常为西装套装,最好选择浅色的衬衫作内搭,领口要干净,领口袖口最好都扣好扣子,衬衫的下摆可以塞在裤子里。领带、袜子的颜色应选择与衬衫、西装外套的色调协调的。最好穿深色皮鞋,应注意保持鞋面的光亮干净。

女士的职业套装相对于男士的而言,则可多变一些。在正式的面试场合,女士可选择西装套裙,套裙的长度应及膝,搭配中高跟皮鞋。在较为宽松的面试场合,女士则可选择突显气质、有质感的服饰,色彩上可以不选择单一色系,而宜选择柔和的色彩搭配,让自己看起来既优雅又大方。

此外,在服装上还可以搭配使用一些饰品,但饰品宜少而精,切忌艳丽、浮夸,因为那会给人一种不庄重的感觉。男士可选择一枚领带夹,女士可选择一条丝巾或一枚胸花。饰品对于仪表的修饰往往有着画龙点睛的效果。

(二) 仪态礼仪

一个人的仪态包括体态和举止,是人表现自我的一种无声的语言,包括走姿、站姿、坐姿等。面试过程中,大学生一定不能忽视仪态,落落大方、举止合宜能体现出个人良好的气质和修养,给面试官留下一个好印象。

1. 走姿

大学生走入面试房间时,应该注意自己行走的姿势是否得当。行走也有其礼仪规范，要求昂首挺胸、双目平视前方，重心向前倾，双臂自然地前后摆动，步伐稳健富有节奏感，步姿轻盈，不宜踏出过响的脚步声，行走中还要注意面部表情轻松、舒展，嘴角微露笑容。大学生正当青春年少，在行走时要展现出这个年龄应有的青春风貌、大方热情，也应该展现出作为求职者应有的自信和干练。

2. 站姿

站立时，要求头正肩平、挺胸收腹、两眼直视前方、下颌微收并面带微笑；双臂自然下垂，贴合裤腿侧边，双腿直立，双脚微开或并拢；吸气时腰背立直，臀部上提，呼气时身体重心下沉，双肩自然放松。

大学生在进入面试房间后，可先走到座位的左侧站立，站立时不要靠在桌子或椅子上，可用眼神和面试官沟通，得到面试官"请坐"的示意后才可就坐。大学生切勿在面试时自行坐下，这会给面试官不礼貌的感觉。

3. 坐姿

在面试过程中，大学生应该保持良好的坐姿，以坐姿展现自己的稳重、端庄。轻稳入座后，大学生应保持上身挺直、头正、双肩放松、目光平视前方，表情舒展、面带微笑，双臂自然地放在膝上，两脚并拢落于地面。女士穿裙入座时，还应将裙下摆稍稍收拢，大腿并拢，小腿交叉。注意不可以坐满椅子，应坐在椅子的前三分之二，身体微向前倾，以表示对面试官的关注和尊重，保证沟通和交流能够顺畅进行。

> **拓展阅读**

面试备考："修养"是成功路上的奠基石

（来源：新浪教育，2020年3月6日，有改动）

面对公务员考试面试，很多考生都感觉无从下手，认为找不到作答的思路和方向，认为题目难以听清，认为礼仪举止难以把握。到底问题出在哪里呢？其实这些问题的出现对于已经通过笔试，有较好基础的考生来说，大多不是因为知识的匮乏，而是"修养"的欠缺，这里的"修养"既包括面试礼仪，也包括面试心态，还包括语言表达等。

礼仪举止自然得体是考生的基础修养

礼仪举止的自然得体并不仅仅是指大方得体的穿着打扮，更多的是指考生在面试过程中的言行举止。一个举止自然得体的人往往会给人更好的印象。因为这不仅体现了考生自己的自信，也体现了考生对他人的尊重。面试是一场面对面的沟通测试，应考者不仅需要能力过硬，也需要态度端正，因此自然得体的言行举止十分重要。

声音洪亮表达流畅是考生的必备修养

在面试中，总有考生认为只要内容好，其他的都不重要。这是一个十分危险的想法，即便有标准答案，也要考生能够流利顺畅地表达出来才能获得考官的青睐。而语言表达需要注意的第一点，就是声音要大。响亮的声音能更加吸引考官的注意，尤其是在沉闷的夏日。整天都在面试的考官注意力不会一直高度集中，再加上进入面试环节的考生都有一定的实力，答案不会相差甚远，考官对答题内容的关注度不会像我们想象的那么高，这时候考生的外在表现就十分重要了，一个响亮干脆的声音能迅速吸引考官的注意力。

另外，声音小不仅影响考官对答题内容的接收程度，同时也影响考官对考生的印象。不自信的人往往不敢高声表达，畏畏缩缩的表现会让考官对考生的印象大打折扣，不自信还会让考官怀疑考生的实力。所以考生在进行语言表达时一定注意声音要大。

心态放松思路清晰是考生的最佳保障

无论是什么形式的面试，考场营造出的一定都是严肃、有压力的氛围，这在测试考生答题能力之余也考查了考生的抗压能力，因此能否保持放松的心态对考生来说至关重要。一个人但凡紧张，就可能产生逻辑混乱、思路不完整、语言表达不流畅等一系列问题，而这些问题都是考场上拉低分数的表现，因此，考生调整好自己的心态至关重要！

(作者：丁亚静)

思考与练习

1. 参加笔试前,可从哪些方面备考?
2. 参加不同形式的面试,分别应注意些什么?
3. 两人为一小组,模拟面试情景,相互纠正不得体的仪表仪态。

第四章　熟悉就业手续及相关规定，
实现规范就业

■■ 学习目标

1. 了解就业手续的办理程序。
2. 了解劳动合同的内容和签订的原则。
3. 了解就业相关法律法规，具备一定的法律意识，规范就业。

■■ 学习建议

1. 邀请就业专家以班会或讲座的形式进行辅导。
2. 举办就业知识竞赛。
3. 个人制作就业手册，搜集最新的就业政策和相关法律法规。

第一节　就业手续的办理

▌ 名人格言

　　让我们意识到：工作的特权是一种礼物，工作的力量是一种祝福，对工作的热爱是成功。

——戴维·麦凯

毕业季"三方"违约需担责　入职前先交押金违法

（来源：人民网，2020 年 7 月 24 日，有改动）

疫情下的毕业季被称为"史上最难毕业季"——企业生产经营延迟、招聘计划缩减、企业裁员减薪，加之毕业生求职准备仓促、劳动法律知识欠缺、社会经验尚浅，毕业季各类劳动纠纷时有发生。如何能够在复杂的就业环境中顺利突围，成为 874 万名高校毕业生的"社会第一课"。近日，北京市西城区人民法院"诉源治理直通车"进行线上普法，就高校毕业生关心的就业法律问题以案释法，以期帮助他们在严峻的就业形势下，走好迈入职场的第一步。

"三方协议"随便签？违约需担责

案例：毕业生小李在去年"秋招"通过一家银行的笔试面试，被银行录用。银行与小李签订"三方协议"，约定：银行录用小李，小李同意毕业后到该银行工作，若一方违约，需向另一方支付违约金 5 000 元。今年"春招"时，小李参加了某知名互联网公司的招聘，并收到了公司的录用通知。小李矛盾不已，已经和银行签了三方，可是又不想放弃自己的专业和兴趣，于是向银行提出了毁约。银行要求小李按"三方协议"中的违约条款支付 5 000 元违约金。

法官说法：法院民四庭副庭长张涛称，"三方协议"就是《全国普通高等学校毕业生就业协议书》，是普通高等学校毕业生和用人单位在正式确立劳动关系前，经双向选择，在规定期限内确立就业关系、明确双方权利和义务而达成的书面协议。协议中的违约金条款，是双方意思表示达成一致的结果，只要不违反法律法规的禁止性规定，违约金条款便合法有效。因此建议毕业生求职一定要三思而后行，签了协议不能"任性"毁约，否则不仅要承担法律后果，也会影响诚信记录。

入职前先交押金？违反法律规定

案例：小王经过应聘成功入职一家互联网科技公司，公司要求小王交5 000元"建档费"作为入职押金,并表示如果小王入职未满3个月就离职,押金不退。初入社会的小王并不确定公司要求交"建档费"的行为是否合理,于是向父母询问。小王父母认为该公司属于"骗子公司",但小王经与同学交流,又发现一些入职其他公司的同学也有被要求交入职押金的情况。最终,小王还是交钱办理了入职手续。那么,这种要求新入职员工交纳入职押金的做法符合法律规定吗?

法官说法:张涛指出,《中华人民共和国劳动合同法》第九条规定,用人单位招用劳动者,不得扣押劳动者的居民身份证和其他证件,不得要求劳动者提供担保或者以其他名义向劳动者收取财物。第八十四条规定,用人单位违反本法规定,以担保或者其他名义向劳动者收取财物的,由劳动行政部门责令限期退还劳动者本人,并以每人五百元以上二千元以下的标准处以罚款;给劳动者造成损害的,应当承担赔偿责任。劳动权是我国公民的一项基本权利,其中包括了就业、择业的权利。法律禁止用人单位扣押劳动者的财物,不管是扣押证件还是金钱,都是违法的。

重复约定试用期? 需按标准发工资

案例:毕业生小张入职了一家公司,劳动合同中约定了3个月的试用期。入职第3个月时,公司举行新员工述职会,会后小张被告知未能通过试用期考核,需要增加3个月试用期。6个月满,人事部门通知小张,因其未达到公司要求的录用条件,须尽快办理离职手续。小张要求公司支付违法解除劳动合同的赔偿金,公司则认为只要员工不符合录用条件便可以解除劳动合同。

法官说法:法院民四庭法官刘丰表示,试用期是劳动合同期限的一部分,试用期的长短取决于劳动合同期限的长短。劳动合同期限为3个月以上不满1年的,试用期不得超过1个月;劳动合同期限为1年以上不满3年的,试用期不得超过2个月;3年以上固定期限和无固定期限的劳动合同,试用期不得超过6个月。

法律明确规定同一单位跟同一劳动者只能约定一次试用期。试用期工资通常不低于本单位内同岗位最低档工资或劳动合同约定工资的80%,并且不得低于用人单位所在地的最低工资标准。这是双重标准，必须同时具备。这种规定既扼制和杜绝用人单位为使用廉价劳动力滥用试用期，也确保了劳动者在劳动过程中至少领取最低的劳动报酬，维持劳动者个人及其家庭成员的基本生活，体现了同工同酬的原则。

在试月期间，用人单位不得无理由随意解除与劳动者的劳动关系。劳动者在试用期间被证明不符合录用条件的，用人单位可以解除劳动合同。不符合录用条件这项规定看似宽泛，用人单位貌似有可操作空间，但实际上对用人单位的举证责任有较高要求。用人单位需证明已经向劳动者明确告知了具体的录用条件，并举证证明劳动者在试用期间不符合录用条件。如果用人单位没有充分举证就不能解除劳动合同，否则，需承担因违法解除劳动合同所带来的一切法律后果。

（作者：孟植良、杨绒）

大学生如果通过了用人单位的笔试和面试，就会收到录取通知，如果愿意去该用人单位工作，可以和用人单位签约，毕业时办理离校手续后，到用人单位报到，合法就业。流程分为以下几步。

一、签订《就业协议书》

《全国普通高等学校毕业生就业协议书》（简称《就业协议书》）是大学生在毕业离校前，与用人单位明确就业关系，学校进行登记和就业派遣的重要依据。签订就业协议是大学生和用人单位在平等互利的基础上进行的民事法律行为。

《就业协议书》约束着签订协议的双方，一方面可以保障大学生在求职阶段的权利和义务，约束签订劳动合同的时间和劳动合同的内容，当发现所要签订的劳动合同条款与《就业协议书》上的约定不一致时，大学生可以要求用人单位按照已签订生效的《就业协议书》重新约定劳动合同；另一方面它也可以保障用人单位的相关权益。《就业协议书》一旦签订，任何一方不能随意违约，否则要承担违约责任。就业协议签订流程如图1所示。

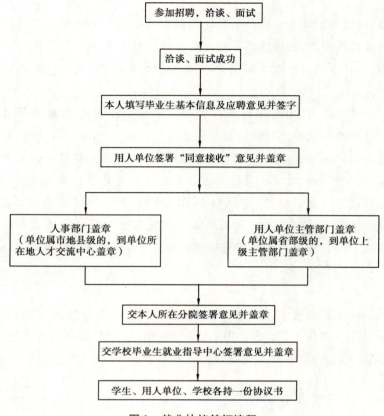

图 1　就业协议签订流程

二、签订劳动合同

《就业协议书》和劳动合同都是具有法律意义的文件,两者紧密相连,《就业协议书》签订在先,劳动合同签订在后。劳动合同主要依据《中华人民共和国劳动合同法》拟定,其主要内容体现在《就业协议书》的约定条款里。

大学生与用人单位签订劳动合同时,应遵循平等自愿、协商一致、符合法律的原则,已签订的劳动合同对双方均有法律约束力。劳动合同应具备以下条款:

(1)用人单位的名称、住所和法定代表人或者主要负责人;

(2)劳动者的姓名、住址和居民身份证(或其他有效身份证件)号码;

(3)劳动合同的时限;

（4）工作内容和工作时间；

（5）休息休假时间；

（6）劳动报酬；

（7）社会保险；

（8）劳动保护、劳动条件和职业危害防护；

（9）法律规定应当纳入劳动合同的其他事项。

除了以上条款以外，双方还可以在劳动合同中约定试用期、试用期工资、其他福利待遇等事项。

三、办理就业报到证

就业报到证的全称为"全国普通高等学校本专科毕业生就业报到证"，由教育部印制，由省级普通高等学校毕业生就业管理部门签发。

就业报到证是大学生到用人单位报到的凭证，是大学生参加工作时间的初始记载，更是存入个人档案的必备资料。学校依据就业报到证为毕业生办理档案投递、组织关系转移和户籍迁移等手续。就业报到证一式两份，正本为蓝色，由毕业生本人持有，副本为白色，由学校负责装入毕业生本人档案中。

就业报到证的有效期一般为 2 年，超过 2 年视为自动放弃报到，该证作废。大学生应严格按照就业报到证规定的时间办理报到手续。

四、办理档案、户口、组织关系

1. 毕业生档案转移

毕业生档案包含人事档案和学籍档案。人事档案是个人经历、学历、职称、社会关系、思想品德、业务能力、工作状况以及奖励惩罚等方面的原始记录。学籍档案是大学生在学校期间的思想表现、学习成绩、综合评价等的记录。档案对毕业生来说非常重要，因为企事业单位招聘、国家公务员考试选拔都会对求职者的档案进行审查，另外办理社会保险、评定职称、出具相关证明也需要人事档案。

大学生毕业后，档案可在校免费保管 2 年，之后可由工作单位人事部门委托工作单位所在地人才服务机构负责管理。

2. 户口迁移

大学生就业后,如就业地不在原户籍所在地,想办理户口迁移,则需要户口迁移证。户口迁移证由高校所在地的派出所开具,持证人到达迁入地后,须在有效期内将户口迁移证交给户口登记机关申报迁往新落户住址。户口迁移证不得有褶皱,不得涂改,更不能丢失。若不慎丢失户口迁移证,应立即报告给当地户口登记机关并提出申请。

3. 组织关系转移

根据《中国共产党章程》规定,"党员如果没有正当理由,连续六个月不参加党的组织生活,或不交纳党费,或不做党所分配的工作,就被认为是自行脱党。"

凡毕业时是正式党员或预备党员的大学生,在毕业离校时应该办理党组织关系转移。毕业生党组织关系原则上可以暂时在校保留 1 年,已经签订工作单位的毕业生应将党组织关系及时转移到单位党组织,未落实工作的毕业生可将党组织关系转移到档案所在的人才服务机构党组织,或父母户口所在地的街道、乡、镇党委,或父母所在单位党组织、单位所在地街道党工委。

毕业生就业手续办理流程如图 2 所示。

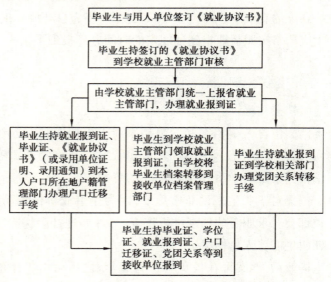

图 2　毕业生就业手续办理流程

拓展阅读

应届生就业流程3步走，这份指南速收藏！（节选）

（来源：中国青年报，2017年12月13日，有删改）

签订劳动合同时：签订内容看仔细。

1. 劳动合同内容有哪些？

我国劳动合同法明确规定："用人单位招用劳动者时，应当如实告知劳动者工作内容、工作条件、工作地点、职业危害、安全生产状况、劳动报酬，以及劳动者要求了解的其他情况；用人单位有权了解劳动者与劳动合同直接相关的基本情况，劳动者应当如实说明。"

2. 试用期有哪些规定？

我国劳动合同法明确规定："劳动合同期限三个月以上不满一年的，试用期不得超过一个月；劳动合同期限一年以上不满三年的，试用期不得超过二个月；三年以上固定期限和无固定期限的劳动合同，试用期不得超过六个月。"

3. 这些劳动合同要慎签。

口头合同：没有签署书面合同文件。

抵押合同：要求缴纳证件或财物。

简单合同：条文没有细节约束。

双面合同：一份合法的"假"合同，一份不合法的"真"合同。

生死合同：含有"工伤概不负责"等字眼。

暗箱合同：不向求职者讲明合同内容。

卖身合同：要求几年内求职者不可跳槽至同行业公司工作。

霸王合同：合同只从单位角度出发，求职者处于被动地位。

（作者：微言教育）

思考与练习

1. 办理就业手续包括哪几个环节？

2. 劳动合同中应具备哪些条款?

3. 办理就业手续时,大学生应该注意什么?

第二节　就业相关法律法规

名人格言

我们每个人手里都有一把自学成才的钥匙,这就是:理想、勤奋、毅力、虚心和科学方法。

——华罗庚

案例导入

毕业季求职,这几种招聘骗局要警惕

(来源:人民网,2020 年 7 月 9 日,有改动)

据教育部统计,2020 年应届高校毕业生人数创新高,数量将达到 874 万。而受疫情影响,今年大学生求职就业形势也变得更加复杂严峻,此时难免会有一些不法分子借大学生的焦虑情绪,以此为机设计各种套路、布下诈骗"陷阱",涉世未深的大学生们稍有不慎便会中招。小编梳理了几种打着"招聘"幌子的诈骗手法,希望引起广大毕业生的注意。

1."招工广告"诈骗

【案例】职业学校的应届毕业生小孟,在网上偶然看到了一则商务文秘招聘信息,工作环境良好,薪资也比较高。于是她便投去了简历,没过几天,便有人通知她去某酒店进行面试。

面试的流程很简单,小孟很快就面试完了。没过几天,所谓酒店的负责人通知其通过了面试,并且需要交 1 600 元培训费,还有 300 元健康体检费,然后就可以上班了。接下来,该公司总是以各种费用要

求小盂汇款。小盂逐渐感觉到自己被骗了。于是小盂邀对方见面，对方却一直以工作繁忙为由推脱，拒绝见面。小盂于是直接找到那家大酒店。结果，大酒店有关负责人称，他们近期根本没有发布任何招聘信息，他们酒店的招聘也绝不收取任何费用。

【警惕】不法分子主要通过在报刊等新闻媒体刊登招工信息，或在路边张贴招工广告等方式，通过电话与受害人联系骗得信任，继而以付体检费、培训费、住房押金等为名要求其汇款。此类案件的犯罪嫌疑人往往利用伪造证件在银行开户，现金到账后立即将钱转走。

2."双簧"诈骗

【案例】毕业生小张根据招聘单位发来的短信指示，来到某商务大厦。一位自称黄主任的面试官在问了小张相关问题后，表示他被录取了。随后，黄主任问小张有没有带银行卡，要登记卡号给他发工资。小张拿出了一张银行卡，里面有2 000元。黄主任反复问小张，银行卡是不是他自己的。为了证明，小张到楼下银行打印凭条，但因为ATM机凭条用完了，小张便在公司另外一名员工的陪同下，到ATM机上取了2 000元出来。

重新回到办公室后，黄主任拿出了一份合同要小张签，并表示由于培训需要用电脑，小张必须交2 000元的保证金，保证电脑不被损坏。于是，小张不仅签订了合同，还交了2 000元作为押金。随后，黄主任叫来一名姓李的男子，带小张去培训的地方。

李某带着小张下了楼，路上李某低声告诉小张，黄主任所在的公司是劳务派遣公司，是专门坑人的。"你待会儿拿到的培训电脑是坏的，运行20分钟后就会死机，修也修不好。"听了李某的说法后，小张很是害怕。李某表示可以回去找个借口试试，看能不能解除合同、要回押金。回去后，李某告诉黄主任，小张家中有急事不能应聘这个岗位了，希望能解除合同。但黄主任表示，解除合同必须要交违约金。经过一番讨价还价，最终黄主任退了小张500元。

从商务大厦出来后，小张越想越不对劲，感觉自己遭遇诈骗，便来到江宁高新园派出所报警。民警调查后发现，小张去应聘的公司根本没有营业执照。原来，黄主任就是这家公司的老板，招聘了李某等员工。他们平时的工作就是在各个网站上发布虚假招聘信息，等有人来应聘后,一个唱红脸一个唱白脸,演一出"双簧",以培训电脑有问题为由让应聘者解除合同,然后骗取违约金。

【警惕】一些劳务中介所为了获取应聘者的信任,与一些骗子公司或皮包公司合伙进行诈骗。即先由中介单位以推荐工作为名收取报名费、服务费,后由骗子公司或皮包公司假装招聘员工,向受害人收取体检费、服装费、押金等费用,再编织种种理由拒绝受害人上岗或中途将其辞退。

3."虚假招聘"诈骗

【案例】今年3月中旬,大学生小郑接到通知,参加某知名企业重庆分公司的面试。地点是在某酒店的小会议室。面试现场,声称为防止泄露题目、个人信息和预防行贿,"招聘方"将求职者的手机、身份证、钱包等物品收走,然后让同学们在会议室里等待面试。

"等我们反应过来时,那些人都不见了。"小郑说,跟他一起参加面试的有30多人,都被骗了。"对方是大企业,而且又是在酒店的会议室,大家都对即将到来的面试紧张不已,根本想不到他们会是骗子。"得知情况的学校就业办老师打电话向该企业核实,才发现这家公司根本没有开展此次招聘活动。

今年4月,小王也曾在网上面试时被骗2 000元。诈骗方冒充四川一知名企业,以该企业的名义在网站上留信息,并给找工作的小王打来电话,进行数次电话面试后,假装录取小王,然后让他携带身份证及一定数额的培训费去成都培训。小王赶到成都一个比较高档的酒店。在缴纳培训费后,对方让小王先休息一天,第二天再去报到。等小王赶过去后,才发现对方玩失踪,自己的2 000元被骗走。

【警惕】一些中介单位会在醒目的地点张贴待遇丰厚的招聘启事来吸引应聘人员上门,在收取一定的服务费后称相关职位已满,并承诺尽快联系合适的单位,让应聘者留下联系方式,以后求职者进行询问时,寻找各种借口敷衍求职者。

4."社交平台"诈骗

【案例】2017年9月,湖北省武穴市公安局抓获传销人员19名。此团伙在社交群发布高薪招聘建筑工程的资料员、技术员的广告,将外地找工作的大学毕业生骗来。等受害人到达后,该团伙安排传销人员将受害人带至传销窝点,没收受害人的手机、身份证、银行卡等随身物品,再安排传销人员对受害人进行讲课洗脑,并采取限制人身自由、哄骗、语言恐吓、殴打、体罚等方式威逼利诱受害人交纳 3 900 元购买子虚乌有的"黛姿诗贝"化妆品加入该传销组织。

如遇受害人拒绝加入,嫌疑人便以打坏公司物品为由,逼迫受害人向家人索要钱财,嫌疑人还使用暴力手段获取受害人银行卡、支付宝、微信等密码,由团伙骨干成员取款后放受害人离开传销窝点。四川籍被害人杜某被这一犯罪团伙采取暴力手段逼迫说出银行卡等密码,犯罪团伙将其卡内 3 万余元现金取走,才放杜某离开。江苏籍被害人苗某假借向家人要钱交钱买产品,趁团伙成员放松警惕熟睡后,才从传销窝点五楼厨房窗户翻出,逃离现场。

【警惕】一些传销分子会以所谓的"高薪"工作拐骗受害人进入传销窝点,通过各种手段控制受害人,迫使受害人自愿或被迫向传销分子交纳钱财。有的在招聘时说是从事"投资理财工作"等,实为将人拉来把钱投入他们公司账户,集资过大时他们将资金卷走,并且人也消失得无踪迹。

5."找关系"诈骗

【案例】2011 年 5 月,张某的女儿小陈即将大学毕业,但工作一直无果。恰逢此时,一位朋友给她带来了这样一个消息:有个朋友原来是太原市某银行的行长,可以通过他帮你女儿办理银行的正式工作,费用是 20 万元。此人和张某认识多年,且有一定的社会地位,张某便相信了。没过多久,张某就将 20 万元转到了指定的银行账户内。一个月后,一位自称是某银行李主任的人通知小陈第二天早上去一家酒店参加银行员工录用笔试、面试。

小陈去了之后,发现里面有 70 多个人都在等着参加笔试,考场上还有两个自称是银行工作人员的监考人。考题和银行工作没什么关系,有点类似公务员考试的申论。笔试结束后,小陈又去另一个酒店参加了面试。一起等待面试的有 30 多个人。考官是一男一女,男的问了个人基本情况、特长等,女的将这些情况记下来,大概用了 10 分钟。笔试、面试的场面让小陈觉得很正规,深信这就是银行组织的。2011 年 9 月,"李主任"给小陈带来了办理工作要填的表格,包括入职员工表、员工简历表、政审表等,表格上还盖有银行公章。

到了 2012 年 3 月，小陈又被通知去某酒店签订了劳动合同。本以为万事大吉的小陈却等了半年多一直没能去上班，于是拿着调档案时的商调函去银行询问。银行工作人员却告诉她：“银行根本没有这样的商调函，上面盖的公章也是假的。”

【警惕】不法分子会谎称与某某单位领导或某某局长是亲戚或朋友，可以为求职者打通关系，找到合适的、有优厚待遇的工作，但需要进行所谓的“金钱交易”，以此来骗走求职者的财物。

6. 虚设岗位

【案例】高校毕业生小林在大学时的专业是会计学，毕业的时候她去应聘某房地产中介公司的会计，招聘广告上写明了是招聘会计。经过简单面试后，小林被录取了。她去报到时却被告知，按照公司的规定，所有员工必须在一线锻炼一段时间，熟悉整个公司的运作流程后方可回到本职岗位。于是小林就被分派到街区做业务员，每天的工作十分烦琐，而且公司迟迟不肯确定何时让小林回到会计工作岗位上。一段时间之后，小林无法忍受，只好提出辞职。公司以违反合约为由，要求小林支付违约金。

【警惕】有的企业把招聘岗位名称写得模糊并以高薪诱惑，签署合同后，求职者被要求从事收账、跑业务等与面试岗位不符的工作。

(作者：温璐、刘霞)

高校毕业生就业机制经过多年的发展，已经逐步建立起与之相配套的法律、法规。一个开放、竞争、有序、规范的大学生就业市场是离不开法律的保障的。大学生在择业、就业的过程中应增强法律意识，遵守法律、履行义务的同时，也要懂得运用法律的武器保护自己。根据我国宪法、劳动法、高等教育法、《普通高等学校毕业生就业工作暂行规定》等的规定，大学生在就业过程中具有以下权利和义务。

一、就业过程中的权利

（一）获取信息权

就业信息是大学生择业成功的前提和关键，大学生只有在充分掌握信

息的基础上才能结合自身情况选择适合自身发展的用人单位。大学生的
获取信息权，应包括三方面含义：

（1）信息公开，即所有用人信息向全体大学生公开；

（2）信息及时，也就是大学生获取的信息必须是及时、有效的；

（3）信息全面，大学生有权获得准确、全面的就业信息，以便对用人单
位有全面的了解。

（二）接受就业指导权

大学生有权从学校接受就业指导，学校应成立专门机构，安排专职人
员对大学生进行就业指导，包括向大学生宣传国家关于大学生就业的有关
方针、政策；对大学生进行择业技巧指导；引导大学生根据国家、社会的需
要，结合个人实际情况进行择业，帮助大学生准确定位自己，合理择业。

（三）被推荐权

高校在就业工作中的一个重要职责就是向用人单位推荐大学生。大
学生享有被推荐权，包含以下几方面内容：

（1）如实推荐。即高校在对大学生进行推荐时应实事求是，根据大学
生本人的实际情况向用人单位进行介绍、推荐。

（2）公正推荐。学校对大学生进行推荐应做到公平、公正，应给每一位
大学生就业推荐的机会。公正推荐是学校的基本责任，也是大学生享有的
最基本的权益。

（3）择优推荐。学校根据大学生的在校表现，在公正、公开的基础上，
还应择优推荐，用人单位录用大学生也应坚持择优标准。

（四）选择权

根据国家有关规定，高校毕业生在国家就业方针、政策指导下自主择
业。只要符合国家的就业方针和政策，大学生可以自主选择用人单位，学
校、其他单位和个人均不得干涉。任何将个人意志强加给大学生，强令大
学生到某单位工作的行为都是侵犯大学生选择权的。

（五）公平待遇权

用人单位在录用大学生的过程中，也应公正、公平，一视同仁。公平受
录用权是大学生最迫切需要被维护的权益。

（六）在校保留档案、户口权

大学生有在择业期（2年）内将其档案、户口在校保留2年的权利。大

学生如在毕业当年未能找到工作，或只是找到非正规就业单位接收，有权在毕业后 2 年内将档案、户口在校保留。

（七）依法被接收权

大学生有要求用人单位履行协议接收自己的权利。《就业协议书》是国家专用于大学生就业的正式文本，具有法律效力。双方一旦签约，就有义务严格履行协议，不得无故进行更改。用人单位必须依照协议接收大学生，并妥善安排大学生的工作，提供相应的工作和生活条件，以保证大学生的正常工作。

（八）劳动相关权利

大学生有要求用人单位按照《中华人民共和国劳动法》的规定提供各种劳动保障的权利。大学生到用人单位报到后应签订劳动合同。《中华人民共和国劳动法》第三条规定："劳动者享有……取得劳动报酬的权利、休息休假的权利、获得劳动安全卫生保护的权利、接受职业技能培训的权利、享受社会保险和福利的权利、提请劳动争议处理的权利以及法律规定的其他劳动权利。"

（九）追究违约责任权

大学生有追究用人单位违约责任的权利。大学生与用人单位签订的《就业协议书》，是双方遵循平等自愿、协商一致原则而达成的协议，双方均有遵守的义务。如果用人单位一方不能按照协议的内容履行或者打折扣，大学生有追究用人单位违约责任的权利。

（十）就业相关的其他权利

大学生享有国家和省（区、市）规定的与就业有关的其他权利。

二、就业过程中的义务

权利和义务是相互的，大学生在就业过程中享受权利的同时，还应该履行一定的义务。我国宪法规定，劳动对于公民来说，既是权利也是义务，是权利和义务的统一。大学生理应按照"得之于社会、还之于社会、报之于社会"的原则，积极地回报国家、社会和家庭，自觉承担起应尽的公民义务。

（一）遵守国家就业方针、政策和规定的义务

国家义务招收的各类大学生应根据国家的需要，在国家就业方针政策的指导下就业。如教育部规定定向生、委培生应按照合同就业，师范类毕

业生原则上在教育系统内就业。

（二）如实介绍自己情况的义务

大学生在求职过程中应如实向用人单位介绍自己的情况，在填写推荐表、撰写自荐信、与用人单位洽谈时，必须实事求是，不得弄虚作假。这也是对大学生的基本择业道德要求。

（三）严格履行就业协议的义务

根据《中华人民共和国合同法》第八条规定："当事人应当按照约定履行自己的义务，不得擅自变更或者解除合同。依法成立的合同，受法律保护。"遵守就业协议是就业工作顺利进行的保证，尊重诺言、言行一致也是做人的基本准则。严格履行就业协议是大学生应尽的义务，协议一旦签订，就不能随便违约，一旦违约，不仅影响学校正常的就业秩序，而且会损害用人单位、学校及其他同学等各方的利益。

（四）文明离校，按时报到的义务

毕业生应该按照学校规定，文明离校，依照规定办理离校手续，退还公物等。《普通高等学校毕业生就业工作暂行规定》要求，大学生毕业办理离校手续后，应持就业报到证按时到用人单位报到。如果大学生自离校之日起，无正当理由超过 3 个月不去就业单位报到，由学校报地方主管部门批准，不再负责其就业。

> **拓展阅读**

> ### 大学生就业签约莫大意
>
> （来源：成都人才网，2013 年 7 月 9 日，有改动）
>
> #### 毕业生档案一定要有着落
>
> 中国国际人才交流中心的周冰梅经理说，毕业生档案里有很多原始材料，不可复制，一定要重视。毕业生与用人单位签约时，要问清单位性质及其主管单位是否具有人事管理权，是否可以接收档案。一些非公有制企事业单位、民营机构并不具有人事管理权，要通过人才交

流中心接收档案;如果应届毕业生户口不能落在工作所在城市,则最好是到生源所在地的人才交流中心委托办理人事代理。北林大(北京林业大学)就业服务中心秦艳茜老师提醒,有些毕业生不注意自己的档案投递去向,工作多年后忽然发现自己的人事关系仍无着落;有的虽然与工作单位签订了劳动合同,但没有到人才交流机构办理有关手续。这都会使毕业生的工龄、社会保险等受到影响,职称不能及时申报,毕业生需要考研、出国政审等证明时无处去开,造成许多不必要的损失。

社会保险应问清办细

很多毕业生对社会保险了解甚微。社会保险主要包括养老保险、失业保险、医疗保险、工伤保险和生育保险等项目。如果毕业生到国家机关、国有企事业单位工作,一般单位均会解决社会保险办理问题。如果毕业生到私营企业、民营机构或被聘用到不占其行政编制的机关企事业单位,就需要向用人单位提出社会保险办理问题。用人单位不为员工缴纳社会保险是违反劳动法的。部分用人单位给的薪酬较高,会建议雇员以个人名义参保,毕业生应主动参保。

询问有没有特殊体质要求

北林大就业服务中心秦老师说,常常有毕业生在签约前被告知"某项身体条件不合格",因而不能顺利签约,浪费了求职时间,错失了其他就业机会。因此大学生在应聘时要咨询清楚用人单位对应聘人员有哪些特殊体质要求;签约时,要求用人单位在劳动合同中明确说明体检情况。按照相关规定,毕业生报到后,如果发生疾病不能坚持正常工作,用人单位要按单位在职人员有关规定处理。

违约金等事宜需讲明

工作地点、岗位、服务期限、违约金,养老金、公积金等国家规定的正常福利待遇等问题,大学生与用人单位商定后,最好在《就业协议书》中标明。今后一旦发生劳动纠纷,这些都是劳动争议的判定依据。秦老师提醒毕业生,用人单位、毕业生、学校三方签订就业协议后,任何一方不得擅自毁约。如用人单位无故解约，毕业生有权要求对方履行就业协议，否则应承担违约责任。

　　针对侵犯自己就业权益的行为，高校毕业生可向用人单位上级主管部门进行申诉，并听取他们的处理意见，同时可提交当地的劳动争议仲裁机构进行调解和仲裁。情况严重的，毕业生可直接向用人单位所在地的人民法院提起诉讼。

（作者：佚名）

思考与练习

1. 大学生在就业过程中应该享有的权利和履行的义务有哪些？

2. 用人单位如果违约，大学生应该怎么处理？

3. 哪些大学生应该依照国家的相关政策和规定就业？

下篇 大学生创业指导与实践

第五章　大学生创业实践准备

学习目标

1. 认识创业的含义,明确大学生创业的意义。
2. 了解创业应该具备的能力和应该做好的准备。
3. 了解国家针对大学生创业提出的有利政策。

学习建议

1. 邀请企业家以班会或讲座的形式进行辅导。
2. 参加大学生心理、创业知识与能力等方面的培训。
3. 搜集国家的创业政策,分小组制作创业政策指南书。

第一节　认识创业

名人格言

艰难困苦是幸福的源泉,安逸享受是苦难的开始。

——俞敏洪

案例导入

毕业就创业？你需要考虑下这四件事

（来源：网易新闻，2017年12月5日，有改动）

毋庸置疑，自己掌握一家公司的感觉是非常棒的，特别对那些刚刚开始自己创业的年轻人来说，创业充满了诱惑力。年轻人拥有创业热情固然不错，但是如果忽略了创业现实，那么也很难获得成果，尤其是很多人觉得年纪轻轻就出来创业，多少会对你有一丝的不信任。

制订一个计划

创业的残酷现实就是，绝大多数初创公司都会在头两年时间里失败，而至于是什么原因导致了创业"滑铁卢"，首先就是缺乏规划。那些刚刚创业的创业者们觉得，在做产品和服务的时候最重要的是他们的激情，但事实并非如此，你必须要把自己的创业想法落实到纸面上。

美国小企业管理局（SBA）通常会建议创业者拟订一个3～5年的详细运营商业计划，其中的要点不只是对企业业务增长的预测，同时要有关于如何按照具体步骤来增加企业收入的思考，这份商业计划需要包含至少以下几个部分：

执行摘要：描述你公司的创业使命——你何时开始启动你的业务、你的产品，以及你的服务、你的发展计划是什么，还有财务信息和任何与公司有关的亮点。作为一家初创公司，你会更加专注于自己过去的教育背景和经验，但你要做的是创业，而不是实现什么商业成就。

公司简介：描述你公司的业务目的，以及你的产品和服务是如何满足利基市场的特定需要的。

市场分析：市场分析需要覆盖目标市场内的人口统计数据、目标市场的规模，以及你期望获得多少市场份额。在进行市场分析的同时，你同样需要彻底研究行业内的竞争对手。

组织结构：你需要勾勒出一个组织框架图，并对每个人的工作角色以及他们所承担的工作职责进行简短的描述。

产品或服务：这其中要描述你提供给客户或消费者的东西是什么，越详细越好。其中要包含公司的产品研发计划，以及任何与专利或版权有关的内容。再次强调，内容越详细越好。

市场营销和销售计划：你的市场营销战略需要包含市场渗透计划、业务增长策略、分销渠道，以及与客户沟通的计划。而你的销售计划，则一定要包括是否会聘请销售人员，以及他们的薪酬结构是什么，此外，最好可以罗列出公司具体的销售活动规划。

融资需求及财务预测：作为一名初出茅庐的创业者，你可能需要外部资金的支持才能创业。所以在这一部分里，你的商业计划应包括公司现在和未来的资金需求，以及你打算如何使用这笔钱；另外关于公司未来的规划，你最好可以描述一些具体的目标，比如是否会出售公司，是否和其他公司进行合并重组等。

附录：这部分内容有时可有可无，但如果你好好利用，附录其实也非常有价值，比如你可以添加推荐信、简历、个人和企业的信用报告、许可证书，以及其他相关的法律文件。

创建现金储备

如果你的初创公司需要花上一段时间才能够赢利，那么在你决定放弃自己手头上的工作，辞职创业之前，最好能存上至少维持6个月生活的钱，这真的非常重要。对于如何创建现金储备，美国离退休高管人员服务集团有如下建议：

一旦你决定要自己创业，就要开始存钱了，即便是一周只存几美元也可以。重要的是，你需要养成勤俭节约的习惯，这会为你以后能赚更多的钱打下基础。

看看你自己目前每月的开销，想想以后可能会有的开销，现实一点，你自然会明白自己需要多少钱。

如果你现在仍然在给老板打工，那么现在就赶紧把自己每月的薪水自动转成存款吧。

身边的人要能够支持你创业

创业貌似不是普通人的生活常态，更何况是刚刚毕业的"愣头小子"们。事实上,你需要寻找一些商业伙伴来做你的"啦啦队长",推动你实现自己的创业目标,当然家人的支持也是必需的。此外,你不妨加入创业者交流群,或是相应行业的创业圈子。

你还可以寻找一名创业导师,他/她可以是你的前任老板,也可以是你以前的大学教授,甚至是一名支持你事业的家人或朋友。如果你不知道如何寻找导师,那么可以联系一些创业帮助中心(比如前文提到的美国离退休高管人员服务集团),他们会为你寻找一些从企业退休的高管人员,为你提供帮助。

要有独立的公司银行账户

你的公司可能在创业初期规模不大,因此或许一开始你不会想到把自己的私人财务和公司财务作区分,但事实上,这么做非常有必要。原因有二:首先,如果你是公司法人的话,那么你的私人财务会受到很多限制;其次,如果设立一个独立的公司银行账户,将会更容易跟踪公司的收入、支出以及支付税款。在公司里,你需要严格制定纪律,自己给自己发"工资",当然了,如果你非常热爱创业,也可以把自己的"工资"再投到自己公司里。

(作者:创业邦)

一、认识创业

创业,从字面意思来看就是创造一番事业。狭义的创业,是指创业者从事生产经营活动,通过商业活动为市场提供产品和服务并获得盈利的过程。广义的创业,则是指创业者从事各种社会活动,对社会产生积极影响,为国家、集体做出贡献的事业。这里的创业指的是狭义的创业。

创业是社会活动的一种,创业者必须付出时间、付出努力,承担财务、精神或社会的风险,从而获得物质回报和个人满足。

(一)创业的风险

创业对于大学生来说充满诱惑和刺激,但也意味着风险和难度极大。创业是风险巨大的活动。选择怎样的创业项目、怎么统筹资金和资源、选择哪位合作伙伴……创业的每一个环节都充满风险。因此,创业者一定要具有风险意识,要有承担一定风险的能力和心理准备。创业者只有具备敏锐的观察力,才能在市场竞争中发现机会、分析市场动向和预测风险,并根据风险的性质来制订创业项目实施方案。总之,一切创业活动都必须通过对创业风险的评估、分析来制订创业战略。

（二）创业的环境

创业的环境主要指跟创业活动相关的因素的集合。

宏观环境包括文化、经济因素、政治环境、自然环境、技术环境、社会环境。大学生创业前需要对社会大环境有一个整体的把握,需要了解社会的文化,如价值观、消费方式、消费心理等,因为这些因素会对创业活动产生很大影响;需要了解经济因素,如国家经济发展水平、经济结构、产业结构、汇率、利率、原料供应和能源供应等;需要了解政治环境,如党和政府制定的相关方针、政策、法律、条例及社会政治局势;需要了解自然环境,如自然条件的状况和自然资源的丰富程度等;需要了解技术环境,如技术发展动态、竞争对手应用技术情况、国家的技术投资政策等;需要了解社会环境,如人口状况、社会阶层、企业目标与市场定位等。

微观环境指消费者需求、竞争者、商品等对创业活动有直接影响的各种因素。大学生创业前需要研究和分析竞争对手的数量、经验情况、技术水平、公司规模,只有了解竞争环境,才能发现自己的优势,才能制订有利于自己的商业战略;需要研究和分析市场的需求,只有了解目标群体的需求,才能够从需求信息中归纳市场的发展趋势;还需要研究和分析产品价格和产品的生命周期,只有紧跟产品市场的发展,才能够不断更新自己的产品而不至于被淘汰。

创业离不开环境提供的各种条件,因此,大学生创业时应该不断地认识和利用环境中的有利因素,通过对环境的研究分析,制订自己的创业战略。

（三）创业的目标

一切的创业活动都必须依托市场,一切创业活动的成败都取决于创业者所提供的产品和服务是否与市场需求相符合。因为创业是市场行为,其重要目标就是在市场竞争中不被淘汰,从而赢得市场,获取收益。一个创业者如果不能够在创业中获得利润,那就无法长期进行这些活动。

（四）创业的类型

按照不同的标准,可以将创业划分为以下几种类型。

（1）按数量划分：独立型创业和合作型创业。

（2）按创业动机划分：生存型创业和机会型创业。

（3）按创业性质划分：传统技能型创业、高新技术型创业和知识服务型创业。

（4）按创业风险划分：依附型创业、尾随型创业、独创型创业和对抗型创业。

二、大学生创业的意义

大学生创业是另一种形式的就业。近年来，社会就业渠道更加多元，国家也出台了一系列政策鼓励大学生以多种形式就业，支持大学生自主创业。为了加强大学生的创新创业意识，提升大学生的创新创业能力，教育部还将创新创业教育列入大学必修课，为大学生提供创业培训和创业指导。国家如此重视大学生的创新创业工作，是因为它具有以下意义。

（一）缓解就业压力

在当前社会经济形势下，就业竞争大，大学生就业成为社会的一大问题。为了解决这一问题，政府鼓励大学生自主创业，因为创业不仅解决了大学生本人的就业问题，还为社会创造了很多就业机会。

（二）发挥大学生的才能

创业是大学生根据自身的专业、能力和兴趣，找到自己最愿意干的事。创业让他们可以将自己的专业、兴趣和职业联系起来，同时找到事业的方向。大学生创业的优势在于自身有较高的科学文化素养，思维活跃，对科技和市场具有很高的敏感度，善于开拓或应用新型商业模式等。在创业活动中，他们可以最高限度地发挥才能，实现自我的价值。

（三）促进教育改革

在知识经济时代，我国经济发展已进入创新驱动发展阶段。大学生是我国实现经济转型升级的主力军。这要求高校转变传统的人才培养模式，让更多的大学生能够适应社会的需求。目前，以大学生创新意识的培养和创业能力的提升为核心的新型教育模式逐步形成：一是从就业从业教育转变为创新创业教育；二是在人才培养机制方面，通过创新创业教育，打破了产、学、研的壁垒，实现了多学科交叉融合以及学校、企业的协同合作。

拓展阅读

大学生创业，有多少"门槛"需要过？（节选）

（来源：中国妇女报，2020年9月28日，有删改）

"如果重新选择，我不会再轻易创业，大学毕业那会儿，虽有一腔热血和诚意，但缺乏经验、人脉、资金的现实，让作为创业者的我们注定要走许多弯路。"回想起三年前创业失败的马赞这样说。

马赞是个"非典型"的大学生创业者，毕业后与几个志同道合的同学在师兄的带领下选择开辟餐饮这条创业路径。马赞团队起初看中了传统餐饮业潜力大、需求旺盛以及风险较小的优势，集合启动资金200万元，信心十足地一头扎进"餐饮连锁经济"。

在第一家分店成功运营之后，快速扩张导致的资金链紧张犹如一根导火线，引发了一系列的资金、股权、担保危机，马赞的餐饮店最终不得不面临持续性亏损、结业倒闭的局面。

大学生创业"钱途"堪忧

"创业之初，我们的启动资金基本都是自己拿出的真金白银，学长们有工作积蓄，而刚毕业的合伙人都是靠父母出钱支持。"马赞团队最初寄希望于拿到相关政策资金扶持，但实际路演时发现，传统餐饮业几乎没有"吸金能力"。

"无论是项目基金，还是投融资、企业孵化，类似的大学生创业资金支持都偏向'概念型'项目，也就是创意型创业。"马赞对此颇为无奈，没有外围融资，意味着后续现金流和借贷风险的加大，而餐饮业又属于资金密集型行业，一旦门店扩张速度过快，维持运营的成本将呈几何倍数上扬。

"在北京核心商圈，一家300平方米的餐饮店，装修费和租金一年就是两三百万元，创业半年，我们的钱基本就烧光了。"马赞说，餐厅的运营比较成功，但现金流支撑是创业中最大的难题。"找钱"是整个创业过程中马赞团队自始至终的焦虑。

"没办法,最后我们不得不去做信用贷,一是我们没有抵押物,银行借款困难;二是现在的融资成本都很高,且周期长,没有更好的选择。"有的信用贷利息高达10%,并且在大股东利用信用贷个人增资之后,马赞等小股东的股权被稀释,即使他们不是直接债务承担人,也变相产生了连带风险。"如果大家筹集资金增资,会安全很多,但每个人出资能力有限,只得靠大股东借贷兜底。"马赞说。

资金困难不是创业失败的根本原因

马赞坦言:"想法天真,决策不够周全,在没有任何调研和经验的情况下选择餐饮行业,一开始就是错误的。"

相较于马赞的沮丧,洪旭则较为乐观。已经是二次创业的她,经过前面的失败更为坦然:"之前学校的创业课对我帮助很大,也慢慢融入了青年'创业圈',结识了很多校外NGO(非政府组织)和创业沙龙的年轻创业者,于是想把专业知识、优势资源和实践结合起来,所以有了创业的想法。"

洪旭做足了相关的准备,在认真研究了国家关于大众创业、万众创新的相关政策,并研判市场热点和深度后,认为电商和移动互联网领域大有可为。"选择这个行业是正确的,的确站在了风口上,很多新的点子都有成长空间。"洪旭说,虽然团队最终因经营管理分歧和资金问题而散伙,但资金困难不是创业失败的根本原因。"资金捉襟见肘是常有的事,但可以通过许多渠道来解决问题。互联网行业有前瞻性,创新性产品还是会争取到很多机会。"

近年来,随着区域经济的平衡战略定位,创业形态愈加"接地气",如返乡创业、地摊经济、直播经济等。政府和企业在创业政策落实、贷款支持和建立信息服务平台、加强相关培训等方面也持续发力,各地创业补贴资金纷纷提至10万元以上级别,有些大学生甚至可达到"零成本"创业。

"从整个创业市场来看,投资者抛出的资源并不吝啬,只是将集中在更有才华、更有能力的人和项目上,更加看重创新能力。"中国民航系统人力资源专家库成员、中国劳动学会人才发展分会副秘书长丁雪峰建议,大学生创业切莫叠加投资风险,选择小而精的切入为好。"不建议大学生利用消费贷、P2P 等借款方式，一些小额贷款公司常常采取非法的方式收取本金和利息，高额的利息成本难以通过其他收益方式来覆盖。"丁雪峰提醒，这样的融资看上去简单便捷，实际上风险巨大，极易陷入填不满的债务窟窿。

创业资金较为青睐概念型项目

社会各界一直对大学生创业给予多方支持，为什么"马赞们"却在孤军奋战，得不到外援？丁雪峰解释："投资者较为青睐概念型项目，一是因为传统行业的门槛较高，成长性有限；二是因为大学生创业的风险本身就高于一般创业，投资者投入创业资金的本意并不是看中投资回报，更多的是一种支持和帮助创业者成长；三是大学生创业普遍缺乏经验，投资者更加关注个案的示范效应，即对其他大学生创业者的激励和引领价值。"

很多大学生创业的初衷是摆脱"螺丝钉""格子间"的工作状态，直到真正投身其中才参透创业所需要的必备品质、专业素养和知识应用能力。"现在心态完全不一样了，即使不再创业，日常工作中也潜意识带有管理者视角，更善于从大局出发，考虑整个项目的运营把控，而不只是单纯地完成本职工作。"马赞说。

"即使创业失败，也有正面作用。一些小的项目或投资，不仅可以提高大学生的经营管理能力，还能丰富他们的社会阅历。"丁雪峰建议，大学生不要一味地把创业当作未来职业的发展方向。许多大学生缺乏相对高的管理水平，创业风险是巨大的，公司很难走稳走远，发展为大企业。"如果创业效果不好，大学生还是从基层做起，尽快找到合适的工作单位，在工作中积累人脉和学习管理技能，等条件成熟以后再去创业。"

（作者：徐阳晨）

思考与练习

1. 创业具有什么风险？
2. 创业对于大学生个人发展有什么作用？
3. 创业的目标是什么？

第二节　大学生创业的准备

征服自己的一切弱点，正是一个人伟大的起始。

——沈从文

案例导入

在校大学生 3 个创业成功案例

（来源：青年创业网，2016 年 7 月 6 日，有改动）

都说现在的大学生，有钱、任性，花着父母的血汗钱不心疼，今天给大家介绍的是几个在校大学生创业成功的案例。

在校大学生创业例子一

1980 年，钱俊冬出生于安徽省无为县赫店镇的一个贫困农民家庭。他从小就立志要考上重点大学，毕业后找一份好工作，改变家庭的贫困状况。

1999 年，父母做生意借来的 8 万元钱被人骗走，本就不富裕的家庭更是雪上加霜。由于家庭经济拮据，钱俊冬随父母来到天津市。靠着父亲做卤菜的手艺，全家人在一个偏僻的小巷子租住下来，省吃俭用，挣钱还借款。

刚到天津时，钱俊冬特别向往大学生活，所以，一有空闲他就去附近的南开大学和天津大学转悠，并结交了一些大学生朋友。通过与大学生交往，他知道了大学生毕业后将会面对严峻的就业压力，于是他有了上大学后一定要自己挣钱的想法。

钱俊冬整天把自己关在屋里,除了复习功课,数百本从旧书摊上购来的杂志被他一页一页地翻过,大量成功人物的创业故事刺激着钱俊冬活跃的大脑,特别是那些大学生通过勤工俭学改变自己命运的文章让他意识到,要想成为一名成功人士,单靠找一份好工作是实现不了的,必须从底层做起,走自主创业的道路。

开学一周,掘得第一桶金

2000年,钱俊冬考上了长安大学。学校的录取通知书送到家里时,父母既欣喜又发愁,生意的失败使他们债务缠身,已经没有能力支付儿子上学所需的费用。最后,全家人东挪西借好不容易才弄到2 000多元钱。

开学报到的那天,钱俊冬攥着2 000元现金,在报名的长队里他一次一次退到最后面。后来他鼓起勇气找到辅导员,终于争取到了缓交学费的机会。安定下来后,钱俊冬的心中萌发出一个坚定的信念:越是日子困窘,越要咬紧牙关,想办法去改变命运。

开学第三天的下午,钱俊冬正独自在寝室里翻阅新课本,一位师兄推门进来推销随身听。正在这时,几位室友也回到了寝室。结果,这位师兄没费多少口舌,4部随身听以每部80元的价钱被室友买下。这件事情使钱俊冬隐约地觉得一种商机和一个比较大的消费群就在自己身旁。后来,他从同学那里打听到在西安东郊有两处小商品批发市场。第一个周末,他逛遍了这两个小商品批发市场,仔细对比了各种随身听的性能和价格后,他以15元的批发价购买了6部师兄推销的那款随身听,一倒手净赚了300元。这是他掘得的第一桶金。之后,在同学们刚习惯用卡式电话时,他以低廉的价格从电话卡经销商那里购进电话卡,然后以比市场低的价格出让给同学,在赚得一点辛苦费的同时,让同学们也得了一些实惠。后来,像上游泳课穿的游泳衣,考研用的复习资料、英语磁带,他都找到了低于校外价格的供应渠道。一年后,他便成了校园里小有名气的"生意精"。

从底层做起,为创业做准备

为了实现自己的理想,钱俊冬除了学习好专业课外,还不时去学校图书馆看一些法律、心理学、市场营销等方面的书籍。他认为，搞推销和倒卖纯属个人行为，还没有完全融入社会。要创业最好还是先融入企业，到企业中去体验，懂得如何把学到的知识与企业实际相结合，这样才能获得成功。

在校大学生创业例子二：“财经快递”一年赚到六位数

"很多快递只能送到校门口，从宿舍跑到校门口至少也得20分钟，有些快递员就会不高兴。"浙江财经大学东方学院学生孙晓告诉记者。好在，该校财政学专业的学生陈博甫，在校内开办了一家"财经快递"。据小陈的合作伙伴、杭州电子科技大学工业设计专业大四学生景棋介绍，这是一家专门为同学取快递而设的学生公司，他们与杭州一家规模较大的快递公司达成协议，专门负责校内快递的揽发和派送，学校则专门给他们配备了一间仓库。

有了这家快递公司，学生的快递到了，公司会有专人打电话通知学生，学生随时可以到公司的仓库去取货，一下子方便了许多。"现在基本上一天会有500到600份包裹，"景棋告诉记者，"公司已经取得了可观的经济效益，收入基本'爬'上了六位数。"

在校大学生创业例子三

刘虎锋是来自陕西宝鸡的农家孩子，2005年考入南京工业职业技术学院（2020年6月更名为南京工业职业技术大学），哥哥每月资助他300多元，整个读书期间他过得异常艰辛。毕业后他在南京找到一份称心的工作，为一些大型的电厂、钢厂锅炉"热控"做技术检测。

刘虎锋任职的企业由于负责人经营不善亏损倒闭，在投资方准备注销公司时，刘虎锋觉得"太可惜"，出资人见状便把公司"壳"留给了他。就这样，凭着仅剩的几张办公桌椅以及缴了一年房租的"公司"，刘虎锋开始自主创业。起初，他投入了打工积攒的1万元，开始跑市场，可惜3个月下来却没有一笔业务，钱也花完了。快到年底，表姐借给他8 000元，让他先回家。可刘虎锋却绕道前往一家电厂，为公司发展寻求转机。电厂负责人以前就对这个年轻人有好感，承诺给他一笔业务，刘虎锋立即回到南京"开工"。终于，这笔业务赚到6万元，他的创业路柳暗花明。

2010 年,刘虎锋与女友常常兜里无钱,最困难时还需要回家筹资。一次他与军工企业谈生意,对方需要一种通信信息化设备,虽说刘虎锋对软件编程不陌生,但他为了订单质量仍请来专家合作,很快生产出全新产品。

为此,2011 年公司销售额超过 100 万元。看到新项目的市场前景广阔,刘虎锋决意专攻这个系统集成产品,注册了"北冶机电设备公司",并报名参加创业培训班以进一步提高业务能力。去年年底,他开着刚买的新车回家过年。

在校大学生创业例子四:"倒腾"二手货解决了生活费

"向毕业生购买二手自行车,进价平均 40 元至 50 元,然后再卖给新生和有需要的老生,每辆车可赚 30 元。2011 年一学期就卖了 200 多辆,"浙江商业职业技术学院金融管理专业的戴文星告诉记者,"每年放假和开学的时候,都是我的生意的旺季。"

大二的时候,经学院创业指导老师的指点,戴文星开始运营一个"二手书"的项目,也就是回收废弃的教科书等,再折价转卖给书店。

这个项目的商业模式很简单,通过废品收购站、离校的同学等各种渠道,以低价收购各类被"抛弃"的教科书、字典、学习资料等,再经过自己的筛选整理,理出一个图书分类表,然后通过宣传,以远低于新书的价格销售给有需要的同学。"销售情况非常好,尤其是英语四级、六级考试资料,以及字典之类的工具书,很受同学们欢迎。"戴文星告诉记者。

生意做大以后,戴文星还兼营库存图书销售之类的"大生意",以及各类二手用品的销售。戴文星卖的二手用品十分丰富,大到电脑,小到网球拍、溜冰鞋,还有台灯、被子等必备用品,生意出奇的好。"我们团队一共四个人,通过创业基本解决了生活费的问题。"戴文星说。

在校大学生创业例子五:大三男生卖卡,一年赚 30 万元

"让消费者手持一张'消费通'卡,就可以在山东青岛不同的商店享受到会员待遇,这就是我的梦想。"为了实现这个看似不可能的梦

想，聂名勇在读大学三年级时就和同学一起成立了自己的公司。"到目前为止，我的营业额已经近100万元，去年一年我净赚30万元。"在创业战场上小试牛刀的聂名勇踌躇满志，期待自己的公司有更好的发展。昨天中午，记者在聂名勇的公司里，面对面听他讲述了自己的创业故事。

逛街逛出个"金点子"

"我是从临沂市考上青岛理工大学的。我母亲身体不好，家里只有父亲一个劳动力，一年种地能攒下将近1万元，家里的经济条件挺困难的。"聂名勇说。到青岛上学后，他看什么都新鲜，就想留在青岛工作。为了实现这个目标，他从大一开始就努力学习，为以后找工作做准备。

"创业这两个字说说简单，像我这样的外地大学生一没钱二没经验，真要干是很难的，真正让我决定自己开公司的，还是我无意间想出的一个创业点子。"聂名勇说，他上大三时有次到台东逛街，看见每个商家几乎都有会员卡，消费者可以凭卡享受打折优惠，看到不少人甚至用专门的卡包来装不同的卡，找起来很不方便，他突然有了用一张通用卡代替所有商家会员卡的想法。这样消费者持有一张全城通用的会员卡，可以享受上千家商家的折扣服务，不同行业的商家也能因此招揽到更多的客户，这就叫双赢。

大三当上了总经理

他把想法和两个同学说了，他们也认为这是个好点子。说干就干，三个人每人出资1万元，在2007年1月成立了青岛新领域信息服务有限公司。

"我这1万元钱是从家里要的，当时家里一时没有这么多钱，是父亲给我凑的。"聂名勇说，开公司没有想象中顺利，租赁写字间、购置一些办公设备后，他们三个人的3万元钱很快就花完了。他当时心里也没谱，经常担心公司不能继续经营下去，没法和父亲交代。他发展的第一个客户是台东一家KTV，这里的经理很年轻，很快接受了这个新鲜事物，答应和他们结成联盟。此后，他们开始不断寻找新的合作商家,那一阵一有时间就到各商业街去推广"消费通"会员卡,给商家介绍理念,希望他们可以加盟。公司成立仅半年,他们就有了100多家结盟伙伴。

观念不同股东撤资

有了这些加盟商家后,他们开始推出"消费通"会员卡。到2008年4月,他们在接近1年的时间里卖出1万多张卡,三个股东大约赚了10万元。

"但从这个时候开始,我们三个股东也有了不同的意见,他们两个人认为应该继续推广我们的'消费通'会员卡赚回现钱,但我认为应该把赚回的钱继续投到公司的发展上,给商家提供会员增值服务。因观念不同,到去年10月,另外两个股东撤资离开了公司,我的创业路也遇到了第一次低潮期。"聂名勇说,他想了一下,认为自己的路子是对的,因为卖卡赚钱总有市场饱和的一天。

"我们目前正在开发软件,记录每个消费者的消费记录、联系方式,这些信息对商家是很有用的,商家掌握消费者的消费习惯后,可以有目的地投放促销广告等。有了这样的增值服务,我相信我们的公司才会有更大的发展。"聂名勇对未来充满了信心。

(作者:佚名)

创业对个人来说是一项系统工程,它需要个人投入大量的时间和精力。大学生有志于创业,就必须做好充足的准备。对创业者来说,不单应具备创业的知识,还应该具备创业的心理素质和实践能力。

一、知识准备

创业过程是一个知识创新的过程,是利用信息、技术、资源,运用一定的方法转化、创造价值的过程。掌握一定的创业知识,是大学生成就事业、实现创业目标的基础。大学生只有将新事物与原有的知识融会贯通,在遇到问题时,才能够从已有的知识中寻找到解决问题的方法。事实证明,创造性人才一般都拥有丰富的知识储备,大学生想要创业,就一定要奠定坚实的知识基础,构建合理的知识结构。大学生进行知识准备可以遵循以下方法。

(一)专业知识积累

专业知识是创业之本,大学生要创业就必须掌握扎实的专业知识,专业知识越扎实,创业实力也就越强。许多大学生创业会选择与自己专业相关的行业,在创业中发挥所长,扎实的专业知识将有助于他们解决创业中的问题。

(二)合理的知识结构

各类知识是相互依赖、相互影响、相互促进的。合理的知识结构内既要有低层次的知识做基础,又要有高层次的知识显示水平和质量。创业者应该根据创业目标合理配比各种知识的数量和质量,建立符合个人创业实际需求的知识结构。

(三)实践、运用

大学生在积累知识并建立知识结构的过程中,应该运用理论联系实际的方法,在实践中不断扩展个人的专业知识,应有终身学习的观念。大学生只有建立综合性、立体化、动态化发展的知识结构,才能不断地增强自己的创业实力。

二、心理准备

对大学生来说,创业不单需要有梦想有追求,还需要有坚强的意志和踏实的行动。创业是一个需要创业者长期努力、不断奋斗的活动。良好的心理素质和创业心理准备,是大学生创业的基本条件,也是创业成功的重要保证。

目前,大学生在创业过程中存在一些心理问题,主要反映在以下几点。

(一)期望过高

有志于创业的大学生通常都为自己设定了很高的目标。高目标在一方面可以激励大学生积极进取,但另一方面也可能让他们在面临现实与梦想的巨大落差时心灰意冷,以至于放弃创业。

(二)盲目从众

部分大学生对创业项目的选择带有很大的盲目性,会因对政策不熟悉、知识储备不充足而选择错误,这也导致当创业产生问题时,他们难以做出应对措施。

(三)浮躁,易退缩

创业本身是一个复杂艰辛的工程。有的大学生在创业过程中急功近利、急于求成；有的大学生由于未在社会上受过挫折，在遇到困难后就会变得浮躁不安，轻易退缩。

要解决创业过程中的心理问题，除接受学校提供的创业心理指导外，大学生必须将创业与职业生涯规划相结合，要把自信作为成功的基石。大学生只有合理确定创业目标，坚持不懈地朝目标奋斗，勇于接受挑战，在创业中完善人格、磨炼意志，才能够取得创业的成功。

三、创业实践能力准备

创业者除了拥有专业知识，同时得具备一定的实践能力。能否让员工按照创业者的期望做事就体现了创业者的领导能力；创业者能否提出关乎企业生存、发展的决策也是至关重要的。因此创业者需要通过不断实践提高自己的领导能力、决策能力。创业作为一种个人行为，风险评估能力也是一种必需的能力。

除了以上三种能力，创业者还需要具备经营管理的能力，即对人员、资金等的管理能力；交往协调能力，即能够妥善处理与各种人的关系的能力；创新能力，即拥有创新思维，能够运用创新方法去完成具体工作的能力；等等。

创业是一项实践性活动，它需要大学生在校期间就通过多途径、多渠道、多层次的创业实践活动积累经验，在实践中将理论联系实际，培养和提高自己的创业实践能力。创业者只有具备了强大的实践能力，才能够面对日益激烈的社会竞争，实现自己的创业理想和人生价值。

▌拓展阅读

大众创业者不可不知的创业思维——谋划！

（来源：搜狐网，2020 年 11 月 14 日，有改动）

广大创业者一定要知道这样一个事实，那就是所有的成功都是谋划的结果！你之所以失败，缺少的往往不是什么资源，而是缺少谋划的能力。那什么是"谋划"？如何理解和掌握它呢？今天我们就来说一说。

谋划，就是能够站在全局的高度，用长远的战略眼光和系统的思维，对系统要素及各种变量进行有目的、有计划的安排，是整体的全局的系统性思维，简单来说就是要做到运筹帷幄，而后才能决胜千里。

我们用下棋来举例说明，棋手的思维就是战略谋划思维，棋子就相当于你手里的各种资源，棋局就是你身处的各种名利场，对局厮杀就如同商场鏖战。

商场变幻莫测，每个人都身处不同的棋局当中，或是做棋子，或是做棋手，无论怎样我们都要先了解自己当前所处的局势，不同的局势有不同的规则，我们要搞懂规则，不要盲目行动，以免造成"一着不慎，满盘皆输"的悲惨后果。而后我们要了解自己手中有哪些可用的资源，要认真梳理，做好自己的资产清单，确定可调配资源的种类、功能等属性，并将它们布置在合适的位置上，还要注意让它们能够互补与配合，如同象棋中的"车""马""炮"一样，"车"主攻击，"炮"主支援，"马"主侧应等。这样有章有法地布局安排，我们才能够从容应对多变的局势。

谋划更重要的是要用长远的战略眼光来规划当前的战略布局，对于能够影响将来的局势走向的关键要素要提前布置在关键的时间节点上，要打提前量，要有一定的预见能力。那些能够在事业上取得巨大成功的人，就是拥有了超越一般人的预见能力。

另一方面，我们做谋划要有相当多的耐心，不要急于求成，应遵循事物自然发展的规律，什么时间就干什么事。成功者就是能够在正确的时间点上，做正确的事。这一点对于我们创业者来说是至关重要的，要切记！

创业经营充满了各种各样的不确定性，普通的大众创业者更应该努力提高自己的格局，扩大自己的认知边界，努力学习有关创业经营方面的专业知识，掌握谋划布局的系统思维，多思考、多实践、多总结，积累经验教训，不断进行偏差的修正，使我们的创业之路走得更顺畅、更长久，一步一个脚印地稳步前行，最终收获成功。

（作者：陈利伟）

思考与练习

1. 大学生创业应该做哪些准备？
2. 创业者的能力体现在哪些方面？
3. 你目前欠缺哪些创业知识？

第三节　大学生创业的有关政策

名人格言

做企业要讲竞合环境。现在全世界的环境也是一个竞合的环境。得意不可忘形，失意不可丢失信念。

——杨宁

案例导入

要"敢闯"也要"会创"！创新创业教育为大学生双创"导航"（节选）

（来源：新华网，2020 年 11 月 13 日，有删改）

"创新是要突破常规，创业需要突破自我。"回想起自己成长的过程，第五届"互联网+"大学生创新创业大赛冠军、清华大学"交叉双旋翼复合推力尾桨无人直升机"创业团队负责人李京阳认为，"敢闯""会创"，才能勇立潮头。

作为最具创造力的群体之一，大学生在创新创业大潮中尽情施展才华，释放着蓬勃力量。引导青年人在"敢闯"的同时"会创"，高校创新创业教育至关重要。

"深化高校创新创业教育改革是国家实施创新驱动发展战略的需要，也是中国高等教育综合改革的需要。"教育部高等教育司司长吴岩表示,通过建基地、定标准、抓课程、强师资、推政策、强实践等举措,高校创新创业教育改革不断深化。

他介绍,教育部发布了本科专业类教学质量的国家标准,明确了各专业类创新创业教育的目标要求及课程要求,高校创新创业工作有了基本的依据。200 所深化创新创业教育改革示范校建立了 3 400 门相关在线开放课程、6 500 多门"专创融合"特色示范课程,大学生选课人数达到了 3 400 万人次。

为支持大学生创新创业,教育部门聘请了各行各业的优秀人才担任创新创业教育的专兼职教师,其中各示范校的专职创新创业教师有 1.7 万余人、兼职教师有 4.2 万余人。高校实施弹性学制,建立了创新创业的学分积累与转换机制,以及在线开放课程的学习认证和学分认定的制度。

在中国石油大学,面向本科生已开设 50 余门创新创业类课程,实现本科生创新创业教育全覆盖;面向研究生,则设置了学科前沿课、学科平台课和工程实践课。学校结合石油背景,通过建构系统、全面的线上线下相结合的课程体系,解决创新创业教育一、二课堂融合的问题。

"有从理论到实践的学习基础,创新创业才不容易迷失方向。在这样的过程中,我们成长了很多、收获了很多。"中国石油大学机械与储运工程学院博士生白宗翰负责的"油气管网智能仿真"项目,在第六届"互联网+"大学生创新创业大赛北京赛区获得一等奖。

(作者:佚名)

为鼓励大学生创业,国家出台了一系列相关政策,"实施扩大就业的发展战略,促进以创业带动就业"。大学生创业政策以促进大学生创业为目标,是为了培养更多具有创业精神的大学生参与创业实践而制定的政策。

大学生创业政策是大学生自主创业的保障和后盾,有创业意识的大学生需要熟悉和掌握创业政策,只有在创业法规政策的保障体系中用好政策,才能够维护创业权益,确保创业活动顺利开展。我国现行的大学生创业政策主要集中在费用、服务、教育三方面。大学生平时可关注地方、高校两级信息服务平台,了解最新大学生创业优惠政策。

一、费用政策

（一）税收优惠

持我国人力资源和社会保障部核发的《就业创业证》（注明"毕业年度内自主创业税收政策"）的大学生在毕业年度内（指毕业所在自然年，即当年 1 月 1 日至 12 月 31 日）创办个体工商户、个人独资企业的，3 年内按每户每年 8 000 元为限额依次扣减其当年实际应缴纳的营业税、城市维护建设税、教育费附加和个人所得税。对大学生创办的小型微利企业，按国家规定享受相关税收支持政策。

（二）创业担保贷款和贴息

符合条件、自主创业的大学生，可在创业地按规定申请创业担保贷款，贷款额度为 10 万元。鼓励金融机构参照贷款基础利率，结合风险分担情况，合理确定贷款利率水平，对个人发放的创业担保贷款，在贷款基础利率的基础上上浮 3 个百分点以内的，由财政给予贴息。

（三）免有关行政事业性收费

毕业 2 年以内的大学生从事个体经营（除国家限制的行业外）的，自其在工商部门首次注册登记之日起 3 年内，免收管理类、登记类和证照类等有关行政事业性费用。

（四）享受社会保险补贴和培训补贴

对新招用毕业年度高校毕业生，签订 1 年以上劳动合同并交纳社会保险费的大学生创办的小微企业，给予 1 年社会保险补贴。对在毕业学年（即从毕业前一年 7 月 1 日起的 12 个月）内参加创业培训的大学生，根据其获得创业培训合格证书或就业、创业情况，按规定给予培训补贴。

二、服务政策

（一）免费创业服务

有创业意愿的大学生，可免费获得公共就业和人才服务机构提供的创业指导服务，包括政策咨询、信息服务、项目开发、风险评估、开业指导、融资服务、跟踪扶持等"一条龙"创业服务。

（二）取消高校毕业生落户限制

高校毕业生可在创业地办理落户手续。（直辖市按有关规定执行）

三、教育政策

（一）创新人才培养模式

创业大学生可享受各地区、各高校实施的系列"卓越计划"、科教结合协同育人行动计划等，同时可学习跨学科专业开设的交叉课程，参加创新创业教育实验班等，享受探索建立的跨院系、跨学科、跨专业交叉培养创新创业人才的新机制。

（二）开设创新创业教育课程

自主创业的大学生可享受各高校挖掘和充实的各类专业课程、创新创业教育资源，以及面向全体大学生开设的研究方法、学科前沿、创业基础、就业创业指导等方面的必修课和选修课；享受各地区、各高校资源共享的慕课、视频公开课等在线开放课程及其学习认证、学分认定制度。

（三）强化创新创业实践

自主创业的大学生可共享高校面向全体大学生开放的大学科技园、创业园、创业孵化基地、教育部工程研究中心、各类实验室、教学仪器设备等科技创新资源和实验教学平台。鼓励大学生参加全国大学生创新创业大赛、全国高职院校技能大赛和各类科技创新、创意设计、创业计划等专题竞赛，以及高校学生成立的创新创业协会、创业俱乐部等社团，提升创新创业实践能力。

（四）改革教学制度

自主创业的大学生可享受各高校建立的自主创业大学生创新创业学分累计与转换制度。大学生开展创新实验、发表论文、获得专利和自主创业等情况可折算为学分，大学生参与课题研究、项目实验等活动可认定为课堂学习的新探索。高校为有意愿、有潜质创业的大学生制订创新创业能力培养计划，以创新创业档案和成绩单等系统客观地记录并量化评价大学生开展创新创业活动的情况。高校优先支持参与创业的大学生转入相关专业学习。

（五）完善学籍管理规定

有自主创业意愿的大学生，可享受高校实施的弹性学制，允许调整学业进程、保留学籍休学创新创业等。

（六）提供大学生创业指导

自主创业的大学生可享受各地区、各高校对自主创业的大学生实行的持续帮扶、全程指导、一站式服务。地方、高校两级信息服务平台为大学生实时提供国家政策、市场动向等信息和创业项目对接、知识产权对接交易等服务。大学生还可享受各地在充分发挥各类创业孵化基地作用的基础上，因地制宜建设的大学生创业孵化基地和相关培训、指导服务等扶持政策。

有创业意愿的大学生应该合理运用创业政策，以政策为指导，在政策保障下开展创业实践活动，但同时也应该明白仅仅依靠政策是不能够成功创业的。国家出台一系列政策是为了鼓励大学生创业，但并不是要求每一个大学生都去创业。高校进行创业教育也不是为了让大学生毕业后都去创业，而是旨在培养大学生的创业意识、创业精神、创业品质，积累创业知识，提升创业技能，从而提高就业竞争力。因此，大学生应该理性地看待创业，根据自己的实际情况，开展创业实践活动。

拓展阅读

"双创"！高校"顶"大学生创新创业都有啥妙招？

（来源：搜狐网，2015 年 11 月 17 日，有删改）

北京大学：向创业者提供后续创业辅导及投融资支持。

2015 年，北京大学创新学堂平台全面启动"千城万堂，千校万师"计划，通过新华网等领先机构与企业密切协同，与各地主管部门签订合作协议，将 4G 创新教育推广至各地方学校与社区，让每个人有受到高品质创新创业教育的机会。

其实早在 2008 年，北京大学就创办了创新研究院，从创新与创业这个领域开始探索第四代教育模式，即"干中学，学中创"的协同创新教育模式。北京大学与中关村实施的"创新学堂"4G 教育模式，真正实现"人人学创新，万众共创业"。4G 教育的核心是"向学生学"的创新教育。学生和老师的评价方式会改变，学习互动的方式会改变，创造与分享的方式会改变，生活与工作的方式会改变。

北大教授蔡剑介绍说，"课堂思辨+网络互动+大赛训练+创业实践"的 4G 创新创业教育方法，将"课堂思辨"作为核心，独创五色创新思维理论；"网络互动"即与课程配套使用的"创新学堂"网络平台，学生不但可以自学创新创业课程，还可以进行真实互动服务和交易；"大赛训练"即国际青年创新大赛，已帮助了数十万青年创新创业；"创业实践"即向创业者提供后续创业辅导及投融资支持，每学期有多个课上学生创业项目获得了天使或风险投资并高速成长。

清华大学：投入使用全球最大的校园创客空间。

今年10月15日，清华大学李兆基科技大楼落成并投入使用，这是专门为学校的创客提供创新创业培育孵化的基地，也是目前全球最大的校园创客空间。

目前，清华大学创新创业教育平台包括学生科技兴趣团队、创+、i.Center以及X-lab等。此外学校还为参与创新创业的学生制订了全新的课程培养方案，打破院系间壁垒，进行跨学科的专业选修，并设计了专业学位课程，学生在进修后还可以获得专业学位。

清华大学"三创平台"的基本情况：兴趣团队是2010年由学生自发创办的学生社团，致力于让更多的师生理解科技与艺术，爱上创新与创造，目前已有团队20余支，人数逾600人。

i.Center由清华基础工业训练中心与校内各院系和校外合作单位联合成立，主要开展工程训练实践和创客教育，每年有近2千名学生参加教学活动，90%是本科生。

X-Lab是清华大学新型创意创新创业人才发现和培养的教育平台，于2013年成立。截至2015年5月底，已经有超过1万人次的清华及社会的青年学生参与了X-Lab的各类活动，600多个来自清华在校生和校友的项目加入X-Lab，经过其培育，所有注册公司的项目融资金额已经突破3亿元。

浙江大学：搭建以浙商企业家"导师带徒"为核心模式的实践平台。

浙江大学充分发挥学科综合优势和区域创新创业资源优势，形成了涵盖启蒙、培训、竞赛、交流、孵化、实践的全方位创新创业教育体系，有效促进了学习与实践、创新与创业、智本与资本等深度融合，激发了学生的活力和潜能。

通过建设"浙江大学硅谷创业实验室""全球创业管理硕士""创业管理博士点"等项目，打造高端创业教育品牌。充分依托创新技术研究院、工业技术研究院、大学科技园、技术转移中心等各类科研成果转化平台,为学生提供项目演练、团队建设、市场拓展、风险管控等全方位的指导和服务。

会聚一流创新创业导师,通过优化考核激励机制,推动更多名家大师上讲台、编教材、带学生;通过实施"求是强鹰"实践成长等计划,搭建以浙商企业家"导师带徒"为核心模式的实践育人平台。建立大学生创业与教师创新成果转化对接机制,探索师生共同创新创业的新模式。积极争取天使投资人、风险投资机构、政府各类扶持资金支持,设立创新创业扶持基金。拓展校外创业空间,与地方政府、企业共建大学生实践基地、创业苗圃、创客空间。建立浙江大学创业学院,打造创业教育、创业实训、创业孵化一体的高端平台。

武汉大学:发起设立1亿元"珞珈创新天使基金"。

今年11月10日,政府、学校、校友三方签署合作备忘录,三方最终达成一致:由武汉大学资产经营投资管理有限责任公司出资1 000万元,武昌区人民政府拟以国资投资平台出资2 000万元,武汉珞珈校友企业联盟有限公司向武大校友募集7 000万元,共计1亿元人民币。优先支持武汉大学师生和校友在武昌区注册的创新创业项目和科技成果转化项目,部分可对社会开放。

早在2003年,武汉大学在全国率先提出"创造、创新、创业"教育的新理念,并渗透本科教学的各个环节,开创性地实施学分制、主辅修、双学位、创新学分等制度,鼓励学生自主发展,引导他们参与科研训练、创新创业训练。

近年来,武汉大学每年投入300万元专项经费,用于支持大学生各级各类学科竞赛、创新创业实践活动。2014年,学校还专门设立1 000万元大学生创新创业教育专项资金,投入560万元对大学生创业实践中心进行全面装修。该中心可容纳近100个创新创业团队,所有学生均可带项目申请免费进驻。

香港科技大学:创业基地设立咖啡厅,学生自主制订商业计划经营。

香港科技大学已形成一个跨领域学科体系,由一位协理副校长位阶的教授专门负责跨领域课程。学生除了参加学校设计的跨领域课程外,也可设计自己有兴趣的跨领域学习内容,比如分子生物科技,它同时需要有理学、工学、医学相关专业的背景,学生可以在经过教授同意后,自选所需课程。课程涉及创业的部分,学生也可以选择到学校的商学院和工科学院上课,所有这些课程均可获得学分。

在课程以外,香港科技大学为学生设立了创业中心,今年9月份学校刚刚落成一个创业交流基地,帮学生把创业基地内的硬件设施做好,然后让各个学院的学生自由地参与进来,自行在创业交流基地内组合讨论、交流、分享心得,教授会参与指导,但不会干涉他们的选择,允许学生在错误中学习。在创业交流基地内,学校还设置了咖啡厅,让学生制订商业计划自己经营,一个学期轮换一次。通过这种方式让他们学会如何规划及开展生意、建立团队文化,解决运营所产生的各种问题等。

(作者:微言教育)

思考与练习

1. 国家针对大学生创新创业教育提出了哪些政策?
2. 大学生参加创业指导培训的目的是什么?
3. 小组搜集:目前国家组织了哪些大学生创新创业大赛。

第六章　大学生创新创业训练计划项目

1.了解大学生创新创业训练计划项目实施的背景与意义。
2.了解大学生创新创业训练计划项目的参与流程。
3.在项目的研究实践中提高创新能力和实践能力。

学习建议

1.邀请专家开展大学生创新创业训练计划项目主题班会。
2.参加大学生创新创业训练计划项目的研究实践活动。
3.制作"大学生创新思维和创新能力培养的现状"调查问卷,分析调查结果,完成调查报告。

第一节　了解大学生创新创业训练计划项目

名人格言

　　我们这个时代是知识经济时代,它的核心就是人类创造财富的方式和致富的方式发生了根本的改变。随着时代的进步,特别是信息网络给人带来的观念上的变化,人的创造力得到极大的解放,在这种情况下,创造财富的方式主要是由知识、由管理产生的,也就是说人的因素是第一位的。

——任正非

案例导入

90 万名大学生参与国家级创新创业训练计划　支持经费 37 亿元

（来源：中国网，2019 年 7 月 31 日，有改动）

教育部印发《国家级大学生创新创业训练计划管理办法》（简称《办法》），积极引导各地各高校深化创新创业教育改革，加强大学生创新创业能力培养，全面提高人才培养质量。

2007 年，教育部启动实施国家级大学生创新创业训练计划（简称国创计划），按照"兴趣驱动、自主实践、重在过程"的原则，倡导以学生为主体开展创新性实践，推进高校在教学内容、课程体系、实践环节等方面进行综合改革，提升大学生的创新创业能力。

目前，1 000 余所本科高校的 90 万名大学生参与国创计划，累计 22 万个国家级项目获得资助，内容覆盖全部学科门类，支持经费约 37 亿元，国创计划已经成为面向全体大学生的一项创新创业人才基础培育工程。

此次《办法》的出台，充分发挥国创计划的示范引领作用，着眼于加强项目过程管理，明确交流、激励和监督考核机制，对国创计划主管部门职责和项目运行流程进行了系统梳理。

《办法》明确，实行国创计划旨在深化高校创新创业教育改革，提高人才培养能力，培养适应创新型国家建设需要的高水平创新创业人才。国创计划实行项目制管理，分为创新训练项目、创业训练项目和创业实践项目三类。

《办法》指出，教育部是宏观管理部门，省级教育行政部门主要负责本区域的项目组织与管理，高校是国创计划实施和管理的主体。《办法》从选题要求、研究方向、团队成员、指导教师和经费支持等多个方面设立基本条件，对项目发布与立项流程进行规范。同时，规范项目结题与公布流程，并建立结题信息公开、对外服务制度。

《办法》要求，加强项目过程和后期管理，明确学校需成立由校领导牵头组建的管理协调机构，确定主管部门；强调项目团队负责人职责,规范经费使用条件,明确相关奖励激励政策;要求参与高校从项目整体概况、组织管理、项目实施、支持措施、教育教学改革、实施成效等方面按年度编制国创计划项目进展报告,国创计划项目执行较好的高校可申请承办全国大学生创新创业年会。

(作者:彭瑶)

随着社会发展,"一带一路"倡议、供给侧结构性改革等一系列国家经济发展策略对高校人才培养提出了新要求,互联网金融、科技金融、数字货币等大量新型金融业态的快速发展对高校人才培养提出了新挑战,"大众创业、万众创新"的创新型社会发展趋势更需要全国高校培养出更多高质量、高水平的创新创业型人才。

大学生创新创业训练计划项目(简称"大创"项目)是教育部面向本科生立项的项目,也是"高等学校本科教学质量与教学改革工程"重点建设项目之一。"大创"项目旨在通过开展计划,带动广大高校学生在本科阶段得到科学研究与发明创造的训练,改变目前人才培养过程中实践教学环节薄弱、大学生动手能力不强的现状,改变灌输式的教学方法,推广研究性学习和个性化培养的教学方式,帮助大学生提高创新能力和在创新基础上的创业能力,以不断适应创新型国家建设的需要。

一、了解"大创"项目

(一)实施背景

2007 年,教育部根据《教育部财政部关于实施高等学校本科教学质量与教学改革工程的意见》精神,首次设立了大学生创新性实验计划项目,旨在探索并建立以问题和课题为核心的教学模式,倡导以本科生为主体的创新性实验改革,调动学生的主动性、积极性和创造性,激发学生的创新思维和创新意识,在校园内形成创新教育氛围,建设创新教育文化,全面提升学生的创新力。

2012 年,教育部下发《教育部关于做好"本科教学工程"国家级大学生创新创业训练计划实施工作的通知》(教高函〔2012〕5 号,简称《通知》),要求全国高校转变本科生人才培养模式,更加注重大学生创新意识培养、创业能力训练,提高大学生的创新、创业能力,更好地满足创新型社会的需要。"大创"项目开始在全国高校全面推广,进入了规范、有序、健康发展的新阶段。

在中央和地方财政的支持下,各高校将"大创"项目列入人才培养方案和教学计划,设置国家级、省级和校级三个高等级项目级别,分别给予不同数额的经费支持;对开展"大创"项目的大学生奖励创新学分,激发了大学生积极申报项目的热情;各高校在"大创"项目的师资匹配、申请流程、专家评审、中期考核、结项答辩等各环节,以及"大创"项目网络平台的建立和完善方面,都逐步正规化、制度化。

(二)实施原则

"大创"项目的实施原则为"兴趣驱动,自主实践,重在过程",旨在为大学生提供良好的创新环境,即:薄功利,崇尚理性;兼容并包,自由探讨;宽容错误,标新立异;提供条件,鼓励实践。

"大创"项目要求大学生在兴趣的前提下,参与自主实践,开展独立性研究;要求大学生亲身体验项目实施的整个流程,关注各个细节操作、各阶段的特征等,而不能只注重结果。在评审课题的过程中,在可能的范围内容许存在一定比例成功可能性较小的,但十分有新意的课题,让大学生可以充分激发创造力和想象力。对于这样的课题,大学生可以不定期地做汇报,让导师或其他专家对项目进行可行性评价,尽量避免不必要的损失,减少资源浪费。

对大学生而言,大学是一个学习探究阶段,也是一个发展好奇心、发现新的兴趣和能力的场所。因此,在贯彻"大创"项目实施原则的过程中,学校采取一系列措施,在专业和选题方面尽力保护大学生的兴趣;实行本科生学术制度,并将其纳入教学管理制度体系,保证项目的有效实施;改革管理体制、提供便利条件,调动大学生的自主性,让大学生体验项目实施的整个过程,对认真参与而没得到理想成果的大学生持宽容态度。

(三)具体内容

大学生创新创业训练计划分为国家级大学生创新创业训练计划、省级大学生创新创业训练计划和校级大学生创新创业训练计划等,形成了国家、地方、高校三级计划实施体系。

其中,国家级大学生创新创业训练计划包括创新训练项目、创业训练项目和创业实践项目三类。创新训练项目是本科生个人或团队在学校导师指导下，自主完成创新性研究项目设计、研究条件准备和项目实施、研究报告撰写、成果（学术）交流等工作。创业训练项目是本科生团队在学校导师指导下，每个成员在项目实施过程中扮演一个或多个具体角色，参与编制商业计划书、开展可行性研究、模拟企业运行、参加企业实践、撰写创业报告等工作。创业实践项目是本科生团队在学校导师和企业导师的共同指导下，根据前期创新训练项目（或创新性实验）的成果，提出一项具有市场前景的创新性产品或者服务，以此为基础开展创业实践活动。

二、大学生参与"大创"项目的意义

对于大学生而言，参与"大创"项目的意义有以下几点：

（一）适应社会产业转型趋势

就现在的情况来看，国内各个行业都非常需要信息化人才，大学生应该看到社会产业转型的现状。大学生在学习和生活中已经对 BTB（英文"Business To Business"的缩写，企业与企业之间的电子商务）、BTC（英文"Business To Customer"的缩写，企业与顾客之间的电子商务）、CTC（英文"Customer To Customer"的缩写，顾客与顾客之间的电子商务）不再陌生，再加上各种线上线下课程提供了多种渠道的职业技能培训，减小了职业间的专业"鸿沟"，大学生参与"大创"项目，有侧重地接受创新创业教育，是适应新形势、提高个人能力的需要。

（二）有助于提高个人的综合素质

大数据时代同以往的互联网时代十分不同，服务群众、促进生产力是其主要内容，影响着世界的各个方面，同时也对大学生的综合素质画出了更高的基准线。

（1）培养、提高创新创业能力。创新创业能力是大学生综合素质的重要内容，大学生如不具备创新思维且不能把知识运用于实践，则很难满足时代的人才需要。"大创"项目对大学生培养、提高创新创业能力大有助益。

（2）培养整体眼光。"大创"项目注重人才培养的理念创新，要求大学生在老师的指导下，根据项目研究工作的需要进行研究性学习，学习的内容不限于教学计划所规定的课程内容，而是在此基础上扩展到整个项目研究内容所涉及的多个相关学科领域。大学生通过参与项目，能够站在更高层面上用整体的眼光看待知识和问题。

（3）提高思维水平。参与"大创"项目的大学生和导师之间、同学之间的交流次数随着项目研究的进展越来越频繁，交流问题的深度和广度不断增加。大学生在参与项目的过程中可以不断收获新的思维和新的理念，为取得新的成就打好基础。可以说，参与"大创"项目可以使大学生在项目的研究实践中养成发现问题的意识，掌握思考问题的方式、解决问题的方法，从而提高自己的创新能力和实践能力。

（三）适应新商业形态

大学生参与"大创"项目，投身实践，在实践中创新、参与竞争，有助于毕业后适应大数据环境下产生的新商业形态，从而提升就业能力，提高创业质量。

三、"大创"项目的参与流程

大学生要开展"大创"项目，首先要以学校为单位向教育部申请"大创"的参与资格。之后，大学生以个人或团队形式向学校申请项目，并接受学校的管理。"大创"项目的具体参与流程如下。

（一）申报立项

"大创"项目的开始是选定一个好的课题。大学生可以通过网络查阅往年的"大创"项目的资料，从中发现灵感；或者展开市场调查，分析某些产品存在的不足，对其进行改造或改进；或者针对某一个问题进行调研，和导师或专业课老师、项目组成员讨论，启发思路……在此基础上，拟定研究项目，只要研究项目有创新点，就可以作为选题。选好课题，就可以申报立项。

（1）大学生自主申报。由项目组负责人（指项目组成员中的一名大学生）负责组织填写申报表，经项目组成员、导师签字确认，按照学院要求的时间交到项目组负责人所在学院。

（2）评审推荐。学院和学生组织对拟申报项目的基础条件以及项目组成员、导师等方面进行资格审核筛选，择优排序推荐项目。

（3）审核通过后签订必要的文件，立项成功。

（二）中期检查

项目实施的过程中，学校会展开中期检查。中期检查主要是对已立项的国家级、校级"大创"项目进行阶段性检查。如果项目组需要变更团队人员、研究计划、研究时限等，就需要在这个阶段填写、提交相关文件。下面是中期检查的相关内容。

（1）检查内容：项目研究进展、项目研究已取得的阶段性成果和收获、项目研究存在的主要问题及应对思路与措施、项目研究下阶段主要任务及时间进程安排、项目经费使用情况等。

（2）检查方式：项目组自查、学院组织检查与学校审查结合的形式进行检查。

（三）结题验收

结题验收主要是对已立项且尚未结项的国家级、校级"大创"项目，采取结题答辩等形式，进行最终的成绩评定。这是大学生展现自己的最终成果的阶段。

（1）验收内容：由导师指导项目组填写项目结题报告书，汇编研究成果，制作答辩 PPT。

（2）验收方式：学院组织专家组，完成本学院项目的结题验收工作，并择优向学校推荐优秀候选项目。学校成立专家组，对验收材料进行结题终审，并组织国家级项目组和学院推荐的优秀候选项目进行结题答辩，最终确定优秀项目。参加验收答辩的各项目组以 PPT 形式陈述 5 分钟，专家提问 3 分钟。

（3）成绩评定：项目验收成绩按优秀、良好、合格、不合格四个档次评价，评选优秀项目时注重项目的创新性和大学生在研究过程中创新能力的提升，项目成果有良好展示度（如有实物、专利、论文等支撑）者优先评优。

（四）项目延期

所有项目在原则上不得申请延期，确实无法正常结题的，大学生可填写项目延期结题申请书，并保证于特定日期前完成结题；因故无法继续实施的项目，填写项目因故终止申请报告，写明详细原因，项目作终止处理且成绩认定为不合格。

提示：在项目实施的过程中，大学生可能会面临很多棘手的问题，如专业知识不足、实施思路不明确、实践经验不足等。想要克服这些问题，大学生必须独立自主地完成相关知识的学习,在导师的指导下制订相应解决方案,及时修正,及时总结;通过在项目实施过程中的思考与实践,提高创新创业能力,从而更好地完成项目。

拓展阅读

教育部高等教育司司长吴岩:六大举措深化高校创新创业教育改革

(来源:中国青年报,2020年11月11日,有改动)

教育部正在深化高校的创新创业教育改革,概括起来共有六个方面的措施。

"第一是建基地,把样板树起来。"吴岩说,目前,教育部已经会同国家发改委建立了19个国家级的双创示范基地,教育部还建设了200所深化创新创业教育改革的示范校,用改革的标杆、示范来引领高校的创新创业改革走向深入。

"第二是定标准,把质量立起来。"吴岩说,教育部发布了本科专业类教学质量的国家标准,明确了各专业类创新创业教育的目标要求及课程要求,高校创新创业工作有了基本的依据。

第三是抓课程,让根基强起来。吴岩介绍,教育部打造了创新创业的线上线下"金课",200所深化创新创业教育改革的示范校建立了3 400门创新创业教育的在线开放课程、6 500多门"专创融合"特色示范课程,大学生选课人数达到了3 400万人次。

第四是强师资,让结构优起来。教育部聘请了各行各业的优秀人才担任创新创业教育的专兼职教师,其中各示范校的专职创新创业教师有1.7万多人、兼职教师有4.2万多人,教育部还组织了近4 000场双创教师培训,培训了双创教师34万人次。

第五是推政策,让活力热起来。"在大学里面全面实施弹性学制,支持学生创新创业,建立了创新创业的学分积累与转换的机制,在线开放课程的学习认证和学分认定的制度。"吴岩说。目前各示范校为206万名大学生建立了创新创业成绩单,5年间有3 700多名大学生暂时休学创业。

第六是强实践,把能力提起来。据了解,在举办创新创业大赛的同时,教育部还开设了国家级大学生创新创业训练计划,今年全国有1 088所高校的38 000多个项目立项,参加立项的大学生有16万多人,项目经费达到7.6亿元,有效地提高了大学生创新创业的实践能力。

"通过这样的育人理念、质量标准、教育学的改革,体制机制的创新,技术方法等全面的变革,让'我敢闯、我会创'成为新时代高等教育的新的一种素质教育。"吴岩说。

(作者:樊未晨)

思考与练习

1. 你对"大创"项目的理念和意义有什么理解?
2. 结合"大创"项目的实施办法,分小组策划实施一次实践活动。
3. 怎样培养高校学生的创新创业实践能力?

第二节　大学生创新创业训练计划项目的优化

名人格言

创新来自对1 000件事情说"不",唯其如此,才能确保我们不误入歧途或白白辛苦。我们总是在想可以进入哪些新的市场,但只有学会说"不",我们才能集中精力于那些真正重要的事情。

——史蒂夫·乔布斯

案例导入

国创计划十年倡议（节选）

（来源：第十届全国大学生创新创业年会上国创计划专家组发言，2017 年 11 月 18 日，有删改）

创新创业开辟未来，"国创计划"搭建舞台。我们步入了中国特色社会主义新时代，这是一个变革和创新的伟大时代！习近平总书记号召广大青年，要在创新创业中增长智慧才干，用青春书写无愧于时代、无愧于历史的华彩篇章。

国家大学生创新创业训练计划秉持"兴趣驱动、自主实践、重在过程"的理念，促进高校改革人才培养模式，强化大学生创新创业能力训练，培养适应创新型国家建设需要的创新创业人才。十年来，我们不忘初心，推动高校"双创"教育落地生根；十年来，我们三级联动，构建国创计划全面推进体系；十年来，我们沙场点兵，打造国创计划年度交流盛典；十年来，我们内伸外延，推动"双创"教育改革不断深化；十年来，我们校企协同，打通"双创"教育的"最后一公里"；十年来，我们建章立制，引导国创计划持续深入开展；十年来，我们点燃了青年学子的创新梦想、创造勇气和创业激情。春华秋实，星火燎原，国创计划硕果累累，撬动了高校人才培养改革，书写了创新创业教育的辉煌篇章！

进入新时代，绘就新蓝图，开启新征程。"时代是思想之母，实践是理论之源"。实践没有止境，创新亦无止境。我们要紧跟时代的最强音，更加自觉地投身于改革创新的时代潮流，做新时代中国特色社会主义教育创新发展的弄潮儿！

（1）不忘初心，育人为本。不忘教育强国的初心，牢记中华民族伟大复兴的使命；不忘教育为民的初心，牢记创造美好幸福生活的使命；不忘立德树人的初心，牢记培养中国特色社会主义事业建设者和接班人的使命。完善国家、省、高校三级大学生创新创业训练计划实施体系，将创新创业教育融入人才培养全过程各环节，争取让全体大学生都有机会参与创新训练、创业训练和创业实践,增强社会责任感、创新精神和实践能力。

（2）创新机制,改革育人。依托国创计划,深入推进大学生创新性学习的新局面,完善依次递进、有机衔接、科学合理的创新创业教育课程群,建立跨院系、跨学科、跨专业交叉培养创新创业人才的新机制,探索弹性化、个性化教学管理制度。发挥创新创业教育改革"牵一发而动全身"的综合带动作用,有力推动高等教育全面改革创新。

（3）汇聚合力,协同育人。完善科教结合、产教融合、校企合作协同育人机制,推动高校打破"围墙",主动搭建与社会合作的"桥梁",将高校的智力、技术和项目资源与社会金融、市场和产业资源紧密对接,吸引更多的业界有识之士加盟国创计划,形成全方位支持创新创业教育和学生创新创业的良好生态,构建产学研全面合作、开放共享、深度融合的新格局。

（4）双创思政,实践育人。坚持以学生全面发展为中心,通过专业教育、创新创业教育与思想政治教育的协调推进,努力造就理想信念坚定、专业知识扎实、具有创新创业能力,德才兼备的有为人才。鼓励青年学生深入基层了解国情民情,主动接受思想洗礼,把激昂的青春梦、创新创业梦融入伟大的中国梦,努力成为创新创业、服务人民、建设美丽富强国家的开拓者、奋进者、奉献者。

（5）营造氛围,文化育人。通过国创计划的广泛实施,培育创客文化,弘扬创新创业正能量,激发学生创新创业热情,营造大胆实践、敢为人先、敢冒风险、宽容失败的氛围环境。

我们要充分认识和把握国内外发展大势,用创新和发展的眼光认识中国、了解世界,紧跟时代变化,为中国特色社会主义的理论创新、实践创新、制度创新、文化创新厚植创新创业型人才培养的基础。我们要勇于站在世界科技的前沿,敢于挑战基础性研究、前瞻性研究、原始创新性研究、颠覆性技术创新研究;突出创新引领创业的指导思想,从技术、产品、商业、市场、运营、文化等维度,鼓励大学生在创新基础上追逐创业梦想。

（作者:国创计划专家组）

　　"大创"项目的实施,要求师生相互配合完成,旨在促进与培养大学生的创新创业意识。在实施过程中,需要大学生从创新选题到项目的具体实施,对项目不断进行优化,这对项目顺利进行、达到训练目的至关重要。因此,大学生在参与"大创"项目时,有必要对项目的设计和实施中存在的问题进行反思、改进。

一、"大创"项目设计和实施中存在的问题

（一）选题设计存在的问题

　　"大创"项目的选题是项目实施的基础。客观地说,"大创"项目的选题指引着大学生开展创新创业实践活动的方向。因此,大学生应该充分认识到在进行"大创"项目选题的选择和优化的时候,在选题的寻找、选择、实施等环节都应该明确目标,有计划、有步骤地执行。

　　确定"大创"项目选题的过程中,大学生申报的项目选题往往分布过于密集,存在盲目性,这是选题环节的突出问题。究其原因,和学校、导师和学生本人因素分不开。

　　首先,高校实施创新创业项目时间较短,缺乏相关的经验,导致在项目设置的过程中出现了项目选题分布过于密集、不具备全面性的现象。

　　其次,导师在指导大学生开展"大创"项目的过程中,没有起到很好的指导作用。高校中很多专业老师虽拥有系统的理论知识和较多的研究成果,但在创新实践方面经验不足,指导大学生创业具有一定难度;加之其他教学任务繁重等原因,他们对项目本身缺乏调查研究,致使项目的选题立项缺乏有效监管。

　　再次,大学生在选择"大创"项目的选题时,多数是考虑个人性格、兴趣爱好、是否赚钱等因素,而忽略了对项目本身的调研、考查与分析,从而导致盲目选择。

（二）项目实施中出现的问题

1. 忽视选题,缺乏有效的方法指导

　　部分大学生在"大创"项目实施的过程中,更注重训练材料的搜集整理和训练过程的规划,而忽视了对选题的完善,导致训练计划在实施时缺乏有效的方法指导,实践活动因此达不到相应的目的,项目实施效果欠佳。

2. 内容不足,创新有待加强

　　部分大学生在撰写创新创业项目策划书时,偏重于阐述项目实施的步

骤或突出创意的新颖度,却忽视了完善创意,也忽视了创意的可行性。

3. 优化技巧欠缺

目前许多项目在实施过程中,欠缺有效的优化技巧。训练计划与创意、创业内容的优化融合是一个长期的过程,需要项目组采用更多技巧去优化项目,力求项目内容丰富有层次。

4. 过程松散,成员协作不够

训练计划的实践过程比较松散,这是由"大创"项目的性质和任务决定的。在训练过程中,项目的推进往往依赖导师或核心成员摸索,项目组成员间的协作不够。

5. 欠缺主动性和意志力

有一部分参与"大创"项目的大学生缺乏主动性,仅仅是听从导师安排从事实践活动,欠缺将自己的创新理念付诸研究实践的想法。

还有部分大学生则不能坚持执行制订的研究计划,在遇到困难、感到迷茫时,容易产生畏难情绪,出现退缩状况,随意更改研究方案,致使项目研究缺乏严谨性,导致项目的研究结果流于形式。

二、"大创"项目优化的方法

(一)"大创"项目优化的路径

1. 头脑风暴,激发团队创意

大学生项目组作为合作团队,在设计训练计划时,应注重团队合作,实现有效协作。可以将任务分解,预先分配落实到团队各成员,在项目见面会上根据项目进度展开讨论。成员清楚所讨论的问题、对讨论内容有准备,既节省了会议时间,又保证了讨论活动的有效进行。

项目组可尝试使用更多技巧去优化内容,增加内容的层次,这依赖各成员不断地贡献建议。讨论时尽量营造轻松的交流氛围。在选题立项环节,可以针对选题重点讨论,采取头脑风暴法,集中团队力量展开选题论证与优化。可在创意里引入更多跨专业的广泛内容,充分运用跨专业知识增强项目的新颖度和层次感。同时,团队还应注重思考如何强化内容,尤其是新技术、新设备和新模式等的引入,不能与实际脱节。

会议中,可安排成员专门记录新颖的想法,列出清单;团队一起甄别清单中的想法,判断其可行性,同时延伸、深化创意内容。这样,每次的项目见面会就变成了项目优化会,所有成员针对实际问题一起想办法,而非主要依靠导师或团队的核心成员,既实现了合作又锻炼了个人能力。

2. 充分利用"大创"项目的导师制优势

"大创"项目是基于导师指导下的。项目实施过程中,往往会出现项目进程慢、项目实施难等问题。导师会针对项目环节提出意见,给出专业指导,引导项目组顺利推进项目。大学生要加强和导师、相关专业老师的交流,弥补专业知识的不足,尽量避免自行研究过程中可能产生的误区和盲点;可以让导师为项目组提供一些社会资源和社会帮助,帮助项目组成员在校期间平衡学业时间和项目管理时间。

3. 合理利用激励机制

"大创"项目实施的过程中,调研活动的开展、调研材料费来源等都需要项目组想办法。而国家和社会为了引导大学生参与"大创"项目,采取多种激励形式,如颁发获奖证书、互换学习项目、现金奖励、创业支持、专利申请以及企业对接等。因此,大学生应善于在导师的指导下合理利用国家政策,用资金或非资金形式的有利政策等帮助解决"大创"项目中的问题。

4. 多提问题,锻炼创新思维和创新能力

多数大学生虽然能将项目申请下来,但是科研、实践能力不是很强。因此,在项目实施过程中,大学生应树立问题意识,多思考、多发现问题,积极查阅文献资料,以运用知识不断解决问题的方式来锻炼自己的创新思维。此外,大学生还应树立创新意识,通过各种渠道锻炼创新能力,不断打破传统思维对自身发展的局限。

(1)积极参与校园活动

大学生应积极参加丰富多彩的校园活动,调动和激发自己的创新潜能、创新思维和自主能力,在各项活动中积极扮演设计者、组织者和操盘手,善于利用高校提供的一切可能的条件和资助开展创新创业活动。

(2)大胆质疑,开发、训练多项思维能力

大学生可有意识地训练自己的灵活性思维、求异性思维、发散性思维和逆向思维等思维能力,可以自主学习跨学科、跨专业的通识性公共选修课,以及与专业领域相关的创新思维、创新能力、创新技巧课程;在民主平等的互动课堂上,充分发挥想象力和创造力,独立思考、大胆质疑、积极提问、合作解惑,从而培养创新意识和创新能力,提高处理问题的灵活性、敏

感性和变通性。

（3）广泛参与实践活动

除"大创"项目外，大学生可结合教学实际和科研课题参与相关的科研活动，如参与设计性、研究性实验等，在科研中增长知识，培养创新能力；其次，可以参与丰富多彩的学术科技活动，如各级各类创新成果大赛、科技活动等，激发创新意识，锻炼创新能力；再次，可在老师的指导下，利用新思潮、新创意、新设计和发明的新技术、新产品进行创业尝试，将发明和创造转化为现实生产力。

（二）大创项目选题优化的技巧

确定选题是"大创"项目的第一个环节，大学生要顺利实施项目、达到训练目的，就应特别重视选题，掌握选题优化技巧。

1. 树立"一个问题"的意识

大学生申请"大创"项目时，第一步就要明确研究的问题究竟是什么。"大创"项目选题的确立，通常需要大学生根据自己的兴趣爱好、专业特长以及社会生活实际，通过调研、论证、分析来完成。

（1）大处着眼、小处着手

大学生可以围绕感兴趣的领域，从大处着眼、小处着手，逐步缩小研究范围，通过思考明确研究对象和具体的研究问题。以共享单车为例，大量的新闻报道已经提供了丰富的信息。若想从中提炼合适的学术问题，首先需要进一步阅读与共享单车相关的研究资料，了解共享单车领域的研究现状和热点，从而选择研究的突破口，确定初步思路。其次，自己使用或采访使用过共享单车的同学、朋友，总结经验，获取有关共享单车使用的直观认识，了解共享单车在使用、管理等诸多环节可能存在的问题，还可以据此确定项目的数据来源。

（2）动态思考，发散思维

确定"大创"项目选题方向后，大学生需要进行动态思考，进一步明确选题的理论价值和实际价值。比如，拟研究的问题可能是当前的热点，但过一个时期后是否仍为热点？这个选题是否切合自己今后的发展目标？围绕选题，大学生还需要进一步考虑：与该选题有关的市场调研资料是否丰富，在"大创"项目期限内能否及时、方便地得到一些关键性的调研资料或研究报告等。完成该选题研究是否需要依赖项目组成员和导师以外的人的支持和帮助,需要他们提供什么样的帮助,如何计划、如何分工、如何实施等都需要大学生全面思考,重点完成。

2. 突出"两个亮点"

最后确定的选题要有让人眼睛一亮的感觉,选题题目中的关键词就成为吸引大众眼光的"亮点"。构词严谨、新颖是关键词具有吸引力的第一要诀。如共享单车是 2017 年的社会热点话题,如果以共享单车相关问题作为项目的研究方向,那么选题的题目中"共享单车"就是第一个亮点。但是,如果没有第二个亮点,第一个亮点也起不到太多吸引人注意的作用。第二个关键词能否成为亮点,关键在于选题的理论视角是否独特、研究方法是否新颖、研究范围是否为特殊群体等。如为山区孩子上学捐款的话题,如果能加入"精准扶贫"和"公益众筹"两个关键词,则立刻能体现出项目的新颖性和时效性,凸显研究的理论价值、实践价值。

3. 运用"三个视角"的方法

在"大创"项目完成的过程中,需要大学生运用一定的理论知识,很多非经管类学生是没有学习复杂的经济学理论的,因而可以从较为熟悉的知识领域出发,选取合适的研究视角作为选题。

(1)从企业供给的角度

可以就一个新的经济现象,探讨企业(作为厂商、供给者)的供给意愿、供给行为及其影响因素,包括部分机构的运行机制及特点(如不同类型的金融机构)。类似选题方向如"互联网+"趋势下财经类高校校企合作创新与人才培养模式改革,人口老龄化背景下老年旅游产业发展问题研究。

(2)从居民需求的角度

就某一产品,探究居民的购买意愿、购买行为及满意度、幸福感等主观评价,以及居民购买行为的影响因素等,类似选题如从自媒体时代"网红"对大学生消费观念的影响看网络营销,公共服务不均衡与人才流向——基于大学生求职的"城市依赖症"的分析等。

(3)从政府政策的角度

探究政府出台的新政策所带来的企业或居民行为、社会福利等方面的变化,类似选题如 P2P 网贷法律监管问题研究、PPP 模式涉税政策研究。

以上三个研究视角可以单独使用,也可以组合使用,围绕具体问题可以灵活运用。如"供给+需求"角度设计的选题——居家养老服务市场现状及未来趋势分析;"政策+供给(或需求)"角度设计的选题——全面"营改增"对建筑业的影响及应对措施研究等。

4. 确立"四个创新"的标准

纵览"大创"项目的选题可以发现,这些选题都符合科研课题或科研论文评审中的"四个创新"的标准,或者在其中某一方面创新的标准。以应用经济学方面的选题为例:

研究问题创新。要求选题主要针对新的经济社会热点,提炼出可研究的学术问题,其重要性在"四个创新"标准中居于首位。也有一些话题如小微企业融资问题,虽然是已有的研究领域,但在新的背景下,该类问题呈现出新的特征,因此具备了发现新的研究角度的可能性,可提炼出新选题——互联网金融对小微企业融资的影响。

研究视角创新。"大创"项目的选题研究视角要基于一个基本的思路:如果想发现新的研究方向,可以尝试运用尚未被使用的研究视角组合,从市场整体情况出发,依据自身调研确定"大创"项目的选题。如研究商业银行,从供给和需求两个视角展开研究,选题可以是"商业银行理财产品创新与投资者需求的实证分析",也可以是"商业银行理财产品市场发展瓶颈分析与优化设计"。

研究方法创新。应用经济学的研究方法重在计量模型的区别。别人采用最小二乘法,那么自己的选题可采用新的二元选择模型、多元选择模型等,还可以考虑变量的内生性问题等。这都是基于原有计量模型的缺点,选择更合适的计量模型来验证同一个问题在不同环境、不同样本下变量之间的相互关系或因果关系等。

研究数据创新。在筛选"大创"项目选题的时候,一定要注意对数据的调研是必不可少的。尤其创新训练类项目多是社会调查,大学生自己辛苦调查所获得的第一手数据,是具有独创意义的。当然,大学生如果在调研时能就别人没有问到的细节问题进行调查,那么所得数据的创新贡献和研究价值就更大了,这样的选题更具有准确性、有效性、实用性。

拓展阅读

多方合力开启大创新时代

（来源：中国政府网，2015 年 3 月 24 日）

科技是国家强盛之基，创新是民族进步之魂。中共中央、国务院23 日印发《关于深化体制机制改革 加快实施创新驱动发展战略的若干意见》（以下简称《意见》）指出，到 2020 年，基本形成适应创新驱动发展要求的制度环境和政策法律体系，为进入创新型国家行列提供有力保障。《意见》的出台，为增强自主创新能力、掌握新一轮全球科技竞争的战略主动绘就了清晰蓝图，全面开启了中国大创新时代。

加快实施创新驱动战略，核心是推动科技和经济社会发展深度融合，把创新战略落到实处。《意见》作为创新驱动发展战略的顶层设计，在更高起点上谋划创新战略的方向和重大任务。把科技创新摆在国家发展全局的核心位置，统筹推进科技体制改革和经济社会领域改革，统筹推进科技、管理、品牌、组织、商业模式创新，统筹推进军民融合创新，统筹推进引进来与走出去合作创新，实现科技创新、制度创新、开放创新的有机统一和协同发展。

加快实施创新驱动战略，关键是破除制约创新的思想障碍和制度藩篱，形成推进自主创新的强大合力。《意见》指出，要使市场在资源配置中起决定性作用和更好发挥政府作用。今后，政府部门不再直接管理具体项目，主要负责科技发展战略、规划、政策、布局、评估和监管。而作为创新的主体，企业在国家创新决策中话语权得到进一步提升，以便发挥企业和企业家在国家创新决策中的重要作用。

加快实施创新驱动战略，根本是把人才资源开发放在创新最优先位置，努力实现从人力资源大国向人才强国转变。我国科技人力资源规模世界第一，但创新人才结构性不足矛盾突出。《意见》明确指出，按照创新规律培养和吸引人才，构建创新型人才培养模式，建立健全科研人才双向流动机制，实行更具竞争力的人才吸引制度。统筹构建层次分明、科学合理的人才计划体系，方能形成人尽其才、才尽其用的政策环境。

　　加快实施创新驱动战略,必须要强化金融创新的功能。科技创新与金融创新,相辅相成,可谓"一体两翼"。发挥金融创新对技术创新的助推作用,培育壮大创业投资和资本市场,提高信贷支持创新的灵活性和便利性,形成各类金融工具协同支持创新发展的良好局面。为此,《意见》也明确提出,要研究制定天使投资相关法规。

　　创新活力竞相迸发,创新成果得到充分保护,创新价值得到更大体现,创新资源配置效率大幅提高,创新人才合理分享创新收益……这就是创新驱动发展战略的宗旨。唯有如此,方能激发全社会创新活力和创造潜能,打造促进经济增长和就业创业的新引擎,构筑参与国际竞争合作的新优势,推动形成可持续发展的新格局,促进经济发展方式的转变。

（作者:熊叶馨）

思考与练习

　　1."大创"项目的开展目前存在哪些问题?

　　2.思考"大创"项目优化路径的优势。

　　3.根据"大创"项目的选题标准,制作一个项目选题优化表。

第七章 "互联网＋"大学生创新创业大赛

学习目标

1. 了解"互联网+"大学生创新创业大赛的赛制,掌握创业团队组建办法。

2. 了解"互联网+"大学生创新创业大赛存在的问题。

3. 明确"互联网+"大学生创新创业大赛在大学生创新创业能力培养中的重要作用,激发创新创业热情,积极参与大赛项目。

学习建议

1. 邀请往届"互联网+"大学生创新创业大赛获奖得主,以班会或讲座的形式分享经验。

2. 班级开展模拟"互联网+"大学生创新创业大赛。

第一节 了解"互联网＋"大学生创新创业大赛

名人格言

"想干与不想干"是责任感的问题,是"德"的问题;"会干与不会干"是"才"的问题,但是"不会干"是被动的,是按照别人的要求去干;"能干与不能干"是创新的问题,即能不能不断提高自己的目标。

——张瑞敏

案例导入

教育部:这届国际"互联网+"大学生创新创业大赛有"四多"

（来源:中国青年报,2020年11月11日,有删改）

今天,教育部高等教育司司长吴岩在新闻发布会上介绍,第六届中国国际"互联网+"大学生创新创业大赛总决赛将于11月17日在华南理工大学开幕。

据了解,今年的大赛以"我敢闯、我会创"为主题,克服疫情不利影响,在应对变局中育新机、开新局,极大提振了大学生创新创业的激情与热情,大赛实现了"更国际、更教育、更全面、更创新、更中国"的办赛目标,呈现出"人数多、名校多、实效多、岗位多"等特点。

人数多

今年大赛的报名参赛项目与报名人数再创新高,内地共有2 988所学校的147万个项目、630万人报名参赛,包括内地本科院校1 241所、科研院所43所、高职院校1 130所、中职院校574所。与2019年相比,参赛项目与人数均增长25%。

名校多

除了国内高校报名参赛项目与报名人数再创新高以外,国外高校也积极参加大赛,共有来自113个国家和地区的1 158所国外院校报名参赛,报名项目3 291个、报名学生8 981人。世界前100强的大学中有一半以上报名参赛,包括牛津大学、剑桥大学、哈佛大学、斯坦福大学、麻省理工学院、慕尼黑工业大学、莫斯科鲍曼国立技术大学等顶尖名校,大赛的质量与含金量再创历史新高。

实效多

本次大赛设置了高教、职教、国际、萌芽四大板块,形成了包括基础教育、职业教育、高等教育的贯通式"双创"教育链条。

另外,2020年的"青年红色筑梦之旅"活动作为教育系统决战决胜脱贫攻坚的关键一招,全面聚焦52个未摘帽贫困县,引导广大青年学生掀起了一场以电商直播带货为主基调的扶贫战役。全国共有132万名学生参加"青年红色筑梦之旅"活动,参加"红旅"电商直播带货活动的学生达60万人次,销售金额超过4.3亿元。52个未摘帽贫困县所在的7省(区)均举办了全国线上对接活动,积极促成全国大学生聚焦贫困县开展以电商直播或创业实践为主的精准扶贫。

岗位多

为克服疫情影响,本届大赛采用线上线下相结合的方式,运用新技术、新方式,打造一场真正意义上的"互联网+"大赛。

吴岩介绍,经抽样调查统计,前五届大赛参赛项目累计落地创办企业超过7万个,创造就业岗位超过60万个,间接带动就业超过400万人。2020年,大赛针对严峻的就业形势,在评审规则中增加了专门指标,考查项目在创业带动就业方面的情况和前景,以创新驱动创业,以创业引领就业,形成高校毕业生更高质量创业就业的新局面。

据悉,自2015年以来,大赛已成功举办五届。六届大赛累计375万个团队的1 577万名大学生参赛,累计300余万名大学生踏上"青年红色筑梦之旅",扎根中国大地,了解国情民情,坚定理想信念,锤炼意志品质,助力精准扶贫、精准脱贫和乡村振兴。大赛实现了基础教育、职业教育、高等教育的贯通,引导学生树立创新意识,拓展创新思维,广泛开展创新活动。

(作者:佚名)

近几年兴起的创业大赛给国内创业者提供了展现自己的舞台,不同级别、区域、主题的创业大赛不断涌现,其中影响范围较大的有中国"互联网+"大学生创新创业大赛(简称"互联网+"大赛)、"挑战杯"中国大学生创业计划竞赛、中国创新创业大赛、"创客中国"创新创业大赛等。这些大赛营造了良好的创业氛围,为培养人们的创业意识、提高创业能力、扩大创业成果的影响力提供了良好的环境。

其中"互联网+"大赛由教育部与政府、各高校共同主办,是目前我国覆盖面最大、影响最广、成果最多的大学生创新创业盛会。

一、"互联网+"理念概述

（一）"互联网+"理念及其特点

"互联网+"理念就是将互联网与各个传统行业相结合，让互联网信息技术及平台为各个传统行业所用，实现互联网与传统行业深度融合的创新发展状态。

"互联网+"是一种新的经济形态，它把网络作为经济发展的基础设施和工具，将互联网的创新成果与社会经济相融合，以实现实体经济的发展和创新，打造新的经济增长点。"互联网+"理念自提出后引起了国家高度关注，现已成为全民关注、大众接受的创新理念并在实践中得到广泛应用。

"互联网+"理念的特点是跨行业融合、创新发展、应用广泛，但是"互联网+"与行业的融合存在着差异性。比如"互联网+"金融衍生出的移动支付、第三方支付等；"互联网+"旅游衍生出的网上订票、网上订房等；"互联网+"医疗衍生出的网上就诊、网上挂号等；"互联网+"教育衍生出的腾讯课堂等。同是与"互联网+"相融合，但是衍生的产品不一样，模式也不一样，效果也不尽相同。

（二）"互联网+"对大学生创业的影响

①在"互联网+"背景下，大学生创业所需的资金投入相对较少。"互联网+"创业以网络虚拟的店铺代替传统店铺，免去了租赁店铺的费用；依靠"零库存"管理，可缩短资金运转周期；产品的销售基本在互联网上完成，大大缩减了产品销售的人力和物力投入。

②"互联网+"创业覆盖范围非常广泛，各行各业均可在互联网上创业，并且随着新兴产业的不断发展，"互联网+"的创业范围越来越广，为大学生创业提供了新的舞台，为创业者开展营销活动提供了极大的便利。

③工作时间、地点灵活，特别适合大学生在校期间进行创业尝试。大学生在校创业的同时要完成学业任务，主要利用课余时间进行创业，"互联网+"背景下的创业可以突破时间、空间的限制，不再局限于固定的工作时间和地点，创业者可以灵活安排。

④在互联网上可以实现资源共享，创业大学生可以在互联网上获取实时资讯，随时掌握全球的经济动态，与其他创业者进行经验交流，向专业人士寻求技术支持。

大学生也可以打破时间和地域的限制，与优秀的创业导师进行交流，以获取更多创业资源及更专业的创业指导。一方面，随着互联网的快速发展及网络课堂的出现，创业教育的授课教室被搬到了互联网上，大学生可以自主选择学习时间，在有限的授课时间里学到更多的创业知识。另一方面，"互联网+"丰富了创业导师资源。由于创业课程和创业指导可以在网络上获取，那么对大学生而言，创业导师的选择范围也更大，除校内导师，还可以是国内外的成功企业家或创业导师，大学生可以得到更加全面、有针对性的创业指导。

二、"互联网+"大赛的组织实施

自 2015 年 5 月国务院印发《关于深化高等学校创新创业教育改革的实施意见》以来，教育部推动各地各高校修订人才培养方案、建设创新创业教育课程、改革教学和学籍管理相关制度、强化创新创业实践，明确创新创业教育的目标要求和实施路径。在短短的一年多时间里，各地各高校深化高校创新创业教育改革取得显著成效。

在此环境下，"互联网+"背景下以赛代练形式的培训在全国高校中大力开展。"以赛代练"可以理解为以比赛代替训练之意，在体育训练中比较常用，主要目的是通过比赛来磨炼运动员的胆识、承受能力，使其累积经验，进而调整到最佳状态，在参加正式比赛时更可能取得优异成绩。同样的道理，创业是一个实践过程，创业过程中要面对各种挑战与竞争，创业者没有实战经验、没有经过专业训练，很难在激烈的社会竞争中扎根。

以"互联网+"大赛为代表的比赛，通过以赛代练的方式让大学生在创业实践中更加真实、清晰地了解市场、了解对手、了解自己及团队，从而能够在真正的创业道路上软着陆，真正地存活下来，扎根社会，以创业带动就业。

2015 年，教育部牵头举办了首届"互联网+"大赛，累计有 1 878 所高校的 5.7 万余支团队报名参加，提交项目作品 3.6 万余个，参与学生超过 20 万人，带动上百万名高校学生投入创新创业活动，掀起了大学生创新创业的热潮。

首届大赛总决赛期间，李克强总理对大赛作出重要批示："中国'互联网+'大学生创新创业大赛，紧扣国家发展战略，是促进学生全面发展的重要平台,也是�动产学研用结合的关键纽带。教育部门和广大教育工作者要认真贯彻国家决策部署,积极开展教学改革探索,把创新创业教育融入人才培养,切实增强学生的创业意识、创新精神和创造能力,厚植大众创业、万众创新土壤,为建设创新型国家提供源源不断的人才智力支撑。"

截至 2020 年 11 月,"互联网+"大赛已举办 6 届,大赛为广大大学生提供了创业的"摇篮",累计吸引了全球五大洲、"百国千校"、千万余名大学生参赛,涌现出一大批科技含量高、市场潜力大、社会效益好的高质量项目,在深入推进"大众创业、万众创新",加快培养创新创业人才,促进创新驱动创业、创业引领就业等方面作用显著。

三、"互联网+"大赛亮点

（一）大赛准备充分，参与度非常高

大赛经过前期的充分宣传,到初赛、复赛和决赛,历时半年有余,让高校有充分的准备时间和选拔的空间,也让真正有创新精神和创业能力的大学生能做充分准备。从首届大赛开始,每年全国多所高校积极宣传,大学生踊跃报名,组建起大学生创新创业团队,提交的参赛作品数以万计,直接参与大赛的大学生超过 10 万名。大赛展现出新时期大学生的创新精神和创业热情,更让创新和创业的思想得到全面深入的宣传。

（二）作品具有较高的含金量和投资价值

历届大赛的大学生参赛作品含金量都很高,如首届大赛中北京航空航天大学的 Unicorn 无人直升机系统项目,以实践应用成果的形式提交。很多参赛作品都与生产生活相结合,与市场相对接,切中市场的痛点,具有较高的投资价值,一经提交便得到众多企业热捧,主动与参赛者洽谈合作。

（三）大赛的活动内容非常丰富

历届大赛举办期间,组委会都陆续组织了高校创新创业教育改革座谈会,举办各种形式的产学研协同发展促进会,组织投资机构、创新企业与创业项目对接会,开展更具有宣传影响力的创新创业成果展示活动等,真正将大赛变成"大众创业、万众创新"的实践平台。

（四）产业界和投资界深度参与并提供支持

历届"互联网+"大赛邀请近百位投资人和企业家组成大赛专家委员会,参与项目评审、提供投融资服务和创业指导。在总决赛期间,投资机构

会向部分参赛项目发出投资邀约,与参赛团队签署投资意向协议。

(五)社会影响力大

"互联网+"大赛的举办,得到各媒体的广泛报道、宣传,在社会上影响广泛。据统计,每年新华社、人民日报、中央电视台、光明日报、中国青年报、中国教育报等国家媒体都对大赛进行了深入报道,刊发多篇报道;参与信息转载的网站有数百个;各类自媒体发布转载大赛相关资讯上万篇次。

四、"互联网+"大赛对大学生就业创业的积极影响

①大学生参加"互联网+"大赛,可以学习应变与解决问题的思路;通过比赛的模拟环境,可以更好地锤炼创业项目,锻炼团队,挖掘优势寻找不足,以便创业项目更好地落地,提高创业成功率。

②"互联网+"大赛挖掘了很多具有高价值的创新科技、创新理念、创新产品、创新服务等,树立了很多具有典型性的案例,在全国高校迅速传播,很好地激发了大学生的创业兴趣。

③创新思想、创新科技能否运用到社会、服务人类,需要经过一系列的实践验证。比赛中,评委、专家给创业大学生提供有价值的建议,大学生通过比赛能更好地检验创业项目,有利于项目落地。同时,赛事的举办可以很好地宣传大学生的创业项目、帮助大学生寻找资源,为创业大学生创造更多机会。

④通过参加"互联网+"大赛,大学生能够深入了解社会,对企业、对行业有较全面的认识,为大学生树立客观的就业观念奠定良好基础。通过比赛的相关培训指导,大学生积累了一定的就业经验,开阔了就业视野,有利于树立正确的就业观念。

"互联网+"大赛的培养体系,让大学生能够树立较好的规划意识,帮助大学生在实践体验中懂得规划的重要性,在比赛实践中学会规划,在自我认识、自我发展中为自己规划路径,为自己的职业发展谋定思路。

五、"互联网+"大赛的赛制

下面以第六届"互联网+"大赛为例,介绍大赛的主要赛制和赛程安排,以供参考。"互联网+"大赛的最新情况可在全国大学生创业服务网上查询。

（一）赛事活动

第六届"互联网+"大赛的主体赛事包括高教主赛道、"青年红色筑梦之旅"赛道、职教赛道、萌芽赛道。

1. 高教主赛道

高教主赛道面向普通高等学校师生，按照参赛学校所在的国家和地区，分为中国大陆参赛项目、中国港澳台地区参赛项目、国际参赛项目3类。根据参赛项目所处的创业阶段、已获投资情况和项目特点，分为创意组、初创组、成长组和师生共创组。要求参赛项目能够将移动互联网、云计算、大数据、人工智能、物联网、下一代通信技术等新一代信息技术与经济社会各领域紧密结合，培养新产品、新服务、新业态、新模式；发挥互联网在促进产业升级及信息化和工业化深度融合中的作用，促进制造业、农业、能源、环保等产业转型升级；发挥互联网在社会服务中的作用，创新网络化服务模式，促进互联网与教育、医疗、交通、金融、消费生活、文化创意服务等深度融合。

2. "青年红色筑梦之旅"赛道

"青年红色筑梦之旅"赛道面向普通高等学校学生，分为公益组和商业组。公益组的参赛项目要求是以社会价值为导向，在公益服务领域具有较好的创意、产品或服务模式的创业计划和实践；商业组要求参赛项目是以商业手段解决农业农村和城乡社区发展的痛点问题，助力精准扶贫和乡村振兴，实现经济价值和社会价值的融合。

3. 职教赛道

职教赛道面向职业院校（含高职高专、中职中专）学生，分为创意组和创业组。对参赛项目的要求，与高教主赛道的一致。

4. 萌芽赛道

萌芽赛道面向普通高级中学在校学生，鼓励学生以团队为单位参加，允许跨校组建团队，要求引导中学生紧密融合学习、生活、社会实践，开展科技创新、发明创造等创新性实践活动，培养创新精神、激发创新思维、享受创造乐趣、提升创新能力。项目立意应弘扬正能量，践行社会主义核心价值观。

（二）比赛赛制

①大赛主要包括校级初赛、省级复赛、全国总决赛三级赛制（不含萌芽赛道），采取线上线下融合比赛。校级初赛由各校负责组织，省级复赛由各地负责组织，全国总决赛由各地按照大赛组委会确定的配额择优遴选推荐项目。大赛组委会将综合考虑各地报名团队数、参赛院校数和创新创业教育工作情况等因素分配全国总决赛名额。

②评审要点：

高教主赛道（创意组、初创组、成长组、师生共创组）项目：团队情况、商业性、创新性、劳动就业、引领教育。

"青年红色筑梦之旅"赛道项目：（公益组）项目团队、公益性、实效性、可持续性、引领教育、必要条件；（商业组）项目团队、实效性、创新性、可持续性、劳动就业、引领教育、必要条件。

职教赛道（创意组、创业组）项目：创新性、团队情况、商业性、劳动就业、引领教育。

萌芽赛道：创新性、实践性、自主性、团队情况。

（三）赛程安排

1. 参赛报名

参赛团队通过登录全国大学生创业服务网或微信公众号（名称为"全国大学生创业服务网"）任一方式进行报名。报名系统开放时间由各地根据复赛安排自行决定。国际参赛项目通过全球青年创新领袖共同体促进会官网进行报名。

2. 初赛复赛

初赛复赛的比赛环节、评审方式等由各地各校自行决定。各地各校根据当地疫情形势，原则上采用线上路演的方式开展校级初赛和省级复赛，遴选出参加全国总决赛的候选项目。

3. 全国总决赛

大赛专家委员会对入围全国总决赛的项目进行网上评审，择优选拔项目进行现场比赛。现场展评时，通过项目讲解、作品展示、专家问辩等，决出金奖、银奖、铜奖。大赛组委会将通过全国大学生创业服务网为参赛团队提供项目展示、创业指导、投资对接等服务。总决赛现场比赛赛程、参赛准备、材料提交等具体内容可通过全国大学生创业服务网了解。

大赛流程图如图 1 所示。

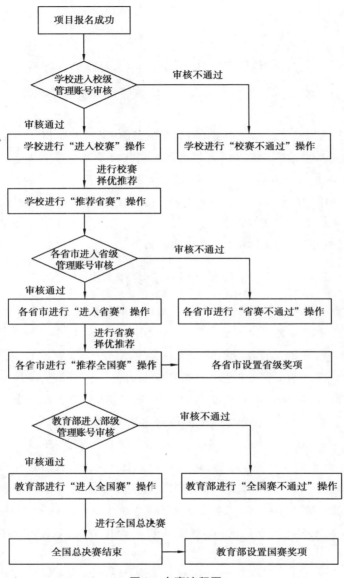

图 1 大赛流程图

拓展阅读

释放"青年+创新创业"的无穷力量

——中国"互联网+"大学生创新创业大赛五年综述

（来源：新华网，2019 年 10 月 11 日，有改动）

第五届中国"互联网+"大学生创新创业大赛总决赛即将在浙江杭州拉开帷幕。

自 2015 年创办以来，这一比赛已成为覆盖全国所有高校、面向全体大学生的影响最大的高校双创盛会，极大地激发了大学生创新创业热情，释放出"青年+创新创业"的无穷力量。

以赛促学，培养双创新锐力量

据教育部统计，中国"互联网+"大学生创新创业大赛自创办以来，累计有 947 万名大学生、230 万个大学生团队参赛，培养了一大批有理想、有本领、有担当的源源不断的青春力量。

2017 年 8 月，习近平总书记给第三届大赛"青年红色筑梦之旅"的大学生回信，勉励青年学子扎根中国大地了解国情民情，在创新创业中增长智慧才干，在艰苦奋斗中锤炼意志品质。

三年来，教育部组织 31 个省份的 170 万名大学生、38 万个团队参加"青年红色筑梦之旅"活动，走进革命老区、农村地区、城乡社区，传承红色基因、了解国情民情、接受思想洗礼，助力乡村振兴和精准扶贫。对接农户近 100 万户、企业 3 万余家，签订合作协议 21 000 余项，产生直接经济效益百亿元，设立公益基金 480 余项，基金规模达 3.6 亿元。

大赛在高教、职教、国际板块的基础上，拓展面向高中生的萌芽板块，积极引导大学生、中学生树立创新意识，拓展创新思维，广泛开展创新活动，助推科研成果转化和应用，主动服务国家创新发展，实现了基础教育、职业教育、高等教育的全链条、全覆盖。

在大赛的带动下，青年学子的实践锻炼能力显著增强。2019 年，

118所部属高校、932所地方高校的3.84万个项目入选"国家级大学生创新创业训练计划",参与学生人数共计16.1万,项目经费达5.9亿元,以学生为主体的创新性实践在各高校全面铺开。

以赛促教,推动双创教育改革再深化

大赛的举办,既充分展示了深化高校创新创业教育改革的阶段性成果,又倒逼创新创业教育改革全面深化。

各高校普遍开展教学和学籍管理制度改革,实施了弹性学制,支持学生创新创业,建立了创新创业学分积累与转化制度、在线开放课程学习认证和学分认定制度等,大大激发了大学生的学习兴趣和创新创业活力。

在大赛的带动下,全国高校着力打造创新创业教育线上线下"金课",目前全国累计开课2.8万余门,其中200所创新创业教育改革示范高校开设2 800余门线上线下课程,选课人数近630万人次。52门创新创业教育精品慕课推出,创新创业教育课程体系不断健全。

目前,全国共有高校创新创业教育专职教师近2.8万人、兼职导师9.3万余人。教育部还专门组建了全国万名优秀创新创业导师人才库,首批入库4 492位导师。

据教育部高教司(高等教育司)司长吴岩介绍,第五届大赛实现了"五个更"的办赛目标:更全面,纵向上实现了基础教育、职业教育、高等教育的全链条参赛,横向上实现了国内到国外五大洲高校全覆盖。更国际,120个国家和地区的1 153所国外高校大学生参赛,堪称一场"百国千校"参与的世界大学生双创奥运会。更中国,以赛促教、以赛促学、以赛促创,开始形成了创新创业教育中国模式。更教育,100万名大学生踏上"青年红色筑梦之旅",一堂最有温度的思政课、一堂最有深度的国情课开讲。更创新,实现了形式和内容创新,推动人才培养从就业从业模式向创新创业模式转变,服务国家创新发展。

以赛促创,为双创高质量发展注入新动能

白云峰是浙江大学的在读博士生。2017年,他所带领的"杭州光珀智能科技"团队获得了第三届大赛的全国总冠军。如今光珀科技已

经成长为一家准独角兽企业。

白云峰的故事，并非绝无仅有的个案。

Unicorn 无人直升机系统、翱翔系列微小卫星、Insta360 全景相机……大赛举办五年来，涌现出了一大批优秀的创新创业项目。这些项目体现了以科技创新为基础的大学生创业特点，催生了一大批新产业、新模式、新业态。

引领科研成果转化，大赛打造了产学研用紧密结合的"新一极"，推动高校的智力、技术和项目资源与经济社会发展需求紧密对接，推动并引领新一轮产业变革，有力深化了高校与科技界、产业界、投资界合作。

根据前四届获得金银奖的 528 个项目调研数据显示，创意类项目赛后成立公司的，有一半左右完成融资，19% 的项目完成 5 000 万元以上的融资；实践类项目 2018 年的年收入在 5 000 万元以上的占比为 13%，最高的项目年收入突破 2 亿元。

吴岩表示，中国的创新创业教育培养了大学生敢闯会创的可贵素质，一定程度上实现了新时期大学生素质教育的新突破，为当代大学生绽放自我、展现风采、服务国家提供了新平台，为世界创新创业教育提供了中国经验、中国方案。

（作者：新华社记者）

思考与练习

1. "互联网+"大赛实施的原因是什么？

2. 按照当前的"互联网+"大赛赛制，你认为本校大学生更适合哪一类赛事？说出你的理由。

3. 五人为一小组，搜集信息制作"互联网+"大赛的活动申请指南。

第二节　"互联网+"大学生创新创业大赛项目的团队建设

名人格言

人们在一起可以做出单独一个人所不能做出的事业；智慧、双手、力量结合在一起，几乎是万能的。

——韦伯斯特

案例导入

乘风破浪的大学生"多肉"创业团队

（来源：中国教育新闻网，2020年8月24日，有改动）

有通体白色的雪球多肉，有风车形状的彩色多肉，还有长得像玫瑰的多肉……位于陕西杨凌现代农业示范园区的一座日光温室大棚里，一排排形态各异、色彩缤纷的多肉植物生长旺盛，惹人喜爱。这是陕西省大学生创业明星、陕西垚森园林景观有限公司总经理李松和他的伙伴们共同打造的多肉植物种植基地。

李松是杨凌职业技术学院生态环境工程分院园林规划专业毕业生。2015年7月，刚领了毕业证的李松组织召开了最后一次班委例会。为了毕业后大家还能继续在一起，全班37名同学决定借着"大众创业、万众创新"的东风，集资3.8万元注册了陕西垚森园林景观有限公司，主要开展绿化养护、园林景观设计与施工、园林信息咨询、花卉盆景租赁、农副产品种植和销售等业务。这群平均年龄只有20岁的大学生，凭着一腔热血，义无反顾地踏上了创业之路。

由于没经验、缺资金、少门路，公司成立之初屡受打击，最后在母校和老师的帮助下，公司相继承接了咸阳市污水厂养护、咸阳市市政绿化改造、西安经开公厕周边绿化和山水林田湖综合体规划设计等大大小小 50 多个项目,逐渐走上了正轨。

2016 年,团队成员吴亮亮提出种植多肉的想法。于是,团队一行人用一个月时间赶赴四川、云南、福建等地摸清了多肉植物市场行情,并成立了陕西垚森园林景观有限公司全资子公司陕西垚森农林科技有限公司。第一次参加杨凌农高会(中国杨凌农业高新科技成果博览会),李松团队的多肉植物 2 天销售额就过万元。近年来,他们的多肉植物成为杨凌农高会及农民丰收节的常客,"垚森多肉"在当地声名渐起。

为了培育出有特色的多肉植物,李松和团队成员反复试验,他们不仅改变了多肉的性状,还成功水培了多肉植物,打破了多肉植物只能生长在既热又干环境下的"魔咒",培育出了白凤九号和水培多肉两大系列。2017 年 5 月,他们成功繁育的一批多肉植物被送到汉中市汉台区徐望镇徐湾村,成为村里的扶贫种植项目。2018 年,团队的"多肉景观萌"项目参加第四届"互联网+"大学生创新创业大赛陕西赛区省级复赛,获得陕西赛区四强第三名,并获得乡村振兴奖。

在创业这条大道上,这些青年风雨同舟,用智慧与汗水浇灌着梦想之花。目前公司在杨凌和上海已有 8 个大棚、100 多个品种、34 万株多肉植物,主营业务也从多肉植物的培育、研发和销售,扩展到了多肉植物景观设计、家庭园艺设计、多肉植物花艺和多肉植物主题婚庆。

在艰苦创业的同时,垚森团队还不忘回报社会。他们每年为当地高校毕业生提供实习、就业机会,并经常赴周边县区为当地群众讲苗木病虫害防治知识,还将多肉种植技术无偿教给当地妇女,并免费提供种苗,形成了"农户种植+公司回收"经营模式。公司荣获"杨凌示范区明星创业企业"。李松先后荣获"第六届陕西省大学生创业明星"称号,当选为共青团陕西省三十大代表、共青团中央十八大代表。

2020 年春,陕西垚森农林科技有限公司在陕西股权交易中心新四板农科板成功挂牌上市,现更名为陕西垚森农林科技股份有限公司,公司发展迈向新征程。

"创业对垚森团队成员们而言,是一个不断学习、不断激励的过程。这个过程不一定是完美的,但是它一定是十分完整的。"李松说,"因为我们至少在生命的一段时间内,把生活折腾成了我们自己想要的样子。"

(作者:冯丽、陆敏)

项目的运行、发展,需要一个高效的团队来操作。团队是指由有共同目标的个体组成的,一起从事某种活动的群体,要求团队成员优势互补、责任共担,愿为共同的目标奋斗。在"互联网+"大赛中,项目团队建设的意义重大。一方面其深受投资人、合作者的关注;另一方面也直接影响大学生以后的创业成效。

大学生创业是建立在创新基础上的创业,是高质量的创业。随着大学生对"互联网+"大赛的认识逐渐深入,参与度逐步提高,大学生创业团队建设的重要性日益显现。大学生可以多进行一些团队训练,感受团队精神,培养合作意识,以便在参加创新创业大赛、策划创业项目时能更好地组建创业团队,提升团队效能,合作共赢。

一、组建大学生创业团队的必要性

大学生组建创业团队,依靠团队内的科学分工,实现团队内部优势互补,实现不同性格类型、专业学科知识等的对话与碰撞,不仅能提升工作效能,也能激发大学生的创新性思维,突破技术壁垒,大大提高原始创新能力。与此同时,创业活动离不开一系列的创新活动,这些活动需要全面发挥每一个成员的创造力,团队才能科学规避创业风险,提升创业成功率,更好地服务于创新型国家建设。

高校大学生开展创业团队建设具有以下必要性。

(一)激发个人潜能

目前,我国大学生多为独生子女,生活条件较好,其对未来规划、未来就业形势缺乏明确认识,在创业方面缺少积极进取的动力。在此形势下,他们一旦遭遇挫折,就很容易产生悲观和抑郁情绪,这将直接影响他们的学业和就业,但如果有创业团队,情况就会不同,创业团队可以加强师生间、生生间的互动交流,大学生的个体意识、认知模式、情感态度都可以得到相应改善。这样一来,学生就能更好地了解自己,进而在更高层面上拓宽视野,激发个人潜能,从而更好地理解创业精神。

(二)实现优势互补

一个团队的真正价值是能够实现互补,这种互补包括个性互补与技术互补。成员间不同性格类型的思想碰撞,不仅可以提高团队的工作效率,还可能产生创新思维的火花;团队成员通过技术互补,可以提高团队的工作效率,突破技术瓶颈。在"互联网+"的时代背景下,创业团队成员不仅要具备先进的技术和管理理念,同时还需要具备财务、营销等方面的专业知识。因而"互联网+"大赛鼓励大学生跨专业、跨院部组建创业团队,充分发挥个人的特长、专业知识。

(三)调动团队创造力

"大众创业、万众创新"成为时代发展的主题。在此背景下,大学生创业需要开展一系列的创造性活动。创造性活动需要充足的知识背景和信息为支撑,大学生组建创业团队后,能够实现知识与信息的共享,集思广益,个体的创造力可以转化为团队的创造力,从而提高创业活动的成功率。

二、"互联网+"背景下大学生创业团队的特征

(一)共同的创业激情

现在的大学生大多从小被寄予厚望。他们普遍具有一定的抱负,不仅希望通过工作获得生活资本,更希望通过工作实现人生价值。因此,团队成员往往愿意接受新事物,创新、创业能力相对较强,但创业热情仅能够在短期内保持,如果一定时期内创业项目没有明显突破,团队成员容易产生分歧。

(二)丰富的外在资源支持

在"大众创业、万众创新"的大形势下,从中央到地方,从高校到社会,都制定了许多支持性政策,鼓励有创业梦想的大学生创业团队通过创业孵化平台获得创业资金、技术、基地等方面的支持。随着经济的发展,家长的教育观念也发生了变化,他们希望自己的孩子能过上美好而舒适的生活,而不是盲目追求高学历、稳定的工作,所以他们大多不反对孩子创业。

(三)跨专业背景优势

与其他创业团队相比,大学生创业团队有母校作坚实的后盾,具有明显的人力资源优势。一般来说,高校有许多不同的专业,大学生很容易遇到不同专业的创业伙伴,彼此优势互补创建创业团队。每个成员在不同方面都有自己的优势,各自负责团队中不同的项目,履行自己的职责,能够将团队内部事务成本降到最低。

三、"互联网+"大赛大学生创业团队存在的问题

（一）团队成员的专业互补性匮乏

团队成员的专业互补性匮乏，影响团队的运营效果。大学生的创业必须以创新为基础。要求创新创业大赛项目在跨专业、跨领域的核心土壤上构建新型的团队，大学生积极参与团队的建设，在适合自己的岗位上做出贡献。

从目前高校参赛项目的现状来看，创业团队成员的类型较为单一，有的团队成员以班级为单位，有的以专业为单位，之后进行随意拼凑。有的团队成员创新能力强，有的团队成员创新能力明显不足，造成了成员之间互补性较差的现状。在创业团队建设结构不合理的状况下，团队创意不足、竞争力偏差，在短时间内很难让人信服，难以吸引到规模性的投资企业。

（二）团队整体优势挖掘不充分

创业团队要想在市场竞争中可持续运转，需要团队成员发挥个人的能力和潜质，更离不开团队的整体能量、集体眼光和创新思维。

一些项目团队对团队成员的分析工作做得不够，使团队成员的特长和优势不能尽显，团队成员的团队意识、团队思维不足，造成了团队缺乏生机、凝聚力差的困境，团队的竞争力跟不上时代发展的需求。

（三）目标定位模糊，成功率低

目前，大学生创业的成功率不到10%，而且持续时间短，这主要是因为许多大学生对社会了解不够，缺乏社会经验，对创业项目资金预算、发展前景、面临的风险等的预测和判断不够准确，造成团队创业目标模糊，项目选择存在盲目性，缺乏长远的发展计划。

（四）缺乏管理经验，综合素质有待提高

大学生缺乏市场经验，财务管理能力、企业经营管理能力尚不足。在创业项目确定之后，部分团队负责人不能及时转变自身角色，实现新的自我定位，不能真正担负起管理者的职责，这就对项目的未来发展造成了不利影响，例如不能很好地实现人才多样性的互补，团队管理不规范，只注重创收而忽视团队建设。

（五）核心竞争力不强，创新突破难度大

由于资金、技术和人际关系的制约，高校大学生创业普遍集中在低附

加值的流通服务业,这些行业的项目技术含量相对较低。就长远而言,创业项目只有具备独特的技术优势,才可能具备可持续发展力。此外,目前许多大学生创业团队对互联网在各个行业的应用的了解不充分,在创业时找不到好的商机,缺乏自主知识产权产品的开发和创新,缺乏固定的客户群等,这些都是导致创业团队创业失败的重要因素。

四、大学生创业团队的组建理念与策略

一个优秀的创业团队必须有战略决策者,可以是个体,也可以是决策层。创业团队的决策者应该负责制定团队的规章制度,以确保创业活动有序进行。创业团队的执行者包括市场调研人员、资金筹集人员、产品开发人员、推广人员等。此外,创业团队还应有财务人员,负责综合考虑每项投资的成本、收益、风险等,确保效益最大化。

(一)大学生创业团队的组建理念

大学生创业团队在组建理念上,需要具备以下两点。

1. 相同的价值观

创业团队在组建后应有明晰的创业思路,团队内的个体目标和团队发展的前景存在一致性。依靠相同的价值观,成员彼此团结在一起,才能科学审视在团队运作的过程中出现的冲突,实现整体和谐运作,发挥整合效应。所以,大学生创业团队的成员应能坚持共同的价值观,并愿意为共同的发展愿景而持续努力奋斗,从而实现个体与团体的结合,提高团队凝聚力。

2. 强调优势互补

创业团队成员在技能、知识及经验等方面实现互补后,才能产生较好的协同效应。也就是说,创业团队在组建的时候,不仅要考虑各成员之间的内部关系,也要考虑技术、能力方面的互补因素,确保成员的异质性。与此同时,从创业资源的视角看,不同背景的成员加入创业团队中,也就自然引入了不同的人际网络,实现团队与资源间产生相互联结,有助于创造新的发展机遇。

(二)大学生创业团队的组建策略

1. 提高团队成员的动态学习能力

大学生创业团队要实现快速发展,关键是加强学习型创业团队建设。

创业活动、创业知识并不是单独存在的,而是和其他类型的知识、活动等密切联系在一起的,这要求大学生创业团队要提高团队成员的动态学习能力,确保学习的常态化与制度化,通过坚持动态学习,及时掌握创新创业的前沿知识,然后结合创业团队实际改进工作,提高团队整体的理论素养。

①动态掌握国家支持创业的政策。国家与地方各级政府,为了全面支持大学生创业工作,结合地区实际,制定了多项优惠政策,这些政策涉及税收、融资、创业指导与培训等多个方面。大学生创业团队要密切关注国家及地方各级人民政府的创业政策导向,全面解读并深入了解这些政策,通过政策来科学指导创业,减少创业的弯路,更好地实现创业目标。

②建立科学完善的学习制度。制度的制定要从团队成员的实际出发,思路清晰、定位明确,确保每一个成员都能加入团队组织的各类学习中,尤其要从团队内部分工出发进行精准化学习,让科学的理论知识更好地指导创业实践。

③创业团队内部要结合需要,对典型的创业实例展开科学有效的探讨、深入的分析,在分析与交流中集思广益,有针对性地解决问题,进而不断提高团队的业务素养。团队既要关注那些成功的大学生创业团队实例,也要积极关心并厘清那些失败的案例,善于从不同的案例中汲取养分,更好地运用到自身的创业实践中。

2. 创建科学的团队管理制度,确立共同的创业理想

大学生创业团队要开展科学管理,首先需要建立科学的管理制度,在制度内不仅要明确创业团队组建的目的、部门设置,也要明确各成员的权利与义务。要体现奖惩分明,要求创业团队内的成员要以制度为先导。对违反制度的成员,负责人要给予批评,指导成员规避不利于团队发展的相关行为,对行为开展科学的约束,确保团队秩序的稳定性;而对团队发展做出重大贡献的成员,也要给予一定的物质奖励,从而全面调动团队成员的积极性,最高限度地发挥成员效能。同时,也要明确经济效益的分配,完善团队建设机制,完善薪酬等相关制度,并根据公平原则实现绩效管理。

其次,确立共同的创业理想。确立共同的目标愿景是有效解决创业团队目标、价值理念差异的重要路径,其能推动团队成员实现密切合作、和谐沟通,为早日实现创业目标而不断努力。要形成共同的创业理想,就需要在团队创建之初明确目标是什么,之后再选择性吸纳成员,确保其能对团

队的目标、愿景等有清醒的认知。同时,在确立创业理想之后,需要明确整个团队的领导核心,负责整个团队的未来发展规划,其余人员按照业务分工再进行细分,规定其义务与权限,确保整个团队成员在负责人的领导下,能向同一目标奋进。

总之,大学生创业团队在团队建设中,需要确保个体成员目标和整个团队目标相一致,按照创业团队建设的规章制度,进一步完善相关工作,确保团队在遭遇困难时,能共克时艰。

3. 创建良好的沟通机制,营造友好的团队氛围

首先,创建良好的沟通机制。团队问题的出现是沟通机制不顺畅导致的,为此要确保成员间信息沟通顺畅。团队沟通的形式、路径相对较多,关键是实现制度化与常规化,比如规定每周定期召开例会,既可以开展网络交流,也可以进行面对面交谈,在成员相互交流的过程中,科学处理存在的具体问题,如果确有问题不能解决,就需要结合整个团队的思想,破解团队发展的障碍。

其次,营造友好的团队氛围。友好的团队氛围,离不开团队文化的支持。建立友好的团队氛围,有助于激发团队成员的积极性,降低发生冲突的可能性;有助于团队实现共识,实现信息分享与精诚合作,激发思想火花。团队的负责人要努力在确立权威的基础上,充分赢得全体成员的信任;而团队成员也要履行好内部职责,实现知行统一,共同建立互信的良好环境。

拓展阅读

如何构建完美团队？创业者和创业团队组建的八条金规(节选)

(来源:中国青年报,2019 年 11 月 8 日,有删改)

我们常常会听到一些关注初创项目的天使投资人说,投资投的就是团队。确实,比较多个对天使投资的调查,发现影响天使投资人投资决策的最主要因素,第一位就是团队。可见,对于一个初创公司或创业项目来说,团队的能力和背景往往超越了项目本身。

如何寻找到合适的合伙人,构建一个完美的创业团队?

创建高效团队的八条金规

1989 年,管理学者弗兰克·拉夫斯托(Frank LaFasto)联合出版了一本后来在管理学界非常著名的畅销书《团队合作:对错之间》(*Teamwork: What Must Go Right/What Can Go Wrong*)(上海财经大学出版社,2004 年)。当时,拉夫斯托是卡迪那健康公司组织绩效部高级副总裁,在帮助组织建立与维持成功团队和协作流程方面有丰富经验。

书中最广为传播的一套理论,是关于一个高效的团队应该具有以下八项特性,姑且称之为"八条金规"。引用如下:

(1)清楚而令人振奋的目标(a clear, elevating goal)。高绩效团队应有清楚易懂的目标等待完成,而且这些目标可以使成员相信最后一定能得到很有价值的成果。

(2)以结果为导向的团队结构(results-driven structure)。此种结构包含:清楚的角色与责任、有效的沟通系统、侦测个人绩效及提供回馈的方法、强调以事实为基础的判断。

(3)有能力胜任工作的成员(competent members)。团队要成功,一个重要的因素是慎选团队成员。成员应具有两项必备的能力,其中技术能力(technical competency)是任何团队成员最起码的能力要求;而个人能力(personal competency)则是个人沟通、陈述及解决问题的能力。

(4)一致的共识(unified commitment)。成员对于团队所要追求的共同目标能达成共识,因而能贡献出自己的热忱及努力。

(5)合作的气氛(collaborative climate)。成功团队的本质就是团队成员友好合作。要营造良好的工作气氛,成员应该要注意的要素有诚实、开放、尊重及言行一致等。

(6)卓越的标准(standards of excellence)。团队绩效必须有一个明确而有意义的标准,当然团队绩效的提升要靠成员的集体努力,有达到高标准的压力,才能造就卓越的团队。

(7)外界的支持与认同(external support and recognition)。团队需要靠外界提供资源及协助,同时对团队的成就予以认同。

（8）有效的领导（principled leadership）。合适的领导者对团队合作会产生很好的效应，有效的领导者能使成员追随，共同为团队的愿景及目标努力，同时也能为团队的变革进行规划及设定议程。

按照该书作者所说，书中总结的理论性成果，包括上述八条卓越团队特性，是基于对 6 000 多名团队成员的研究得到的。作者强调，"这些成员遍及工商领域，我们的调研让他们以或公开或隐秘的方式评价他们的团队、他们的领导以及他们的同事，而且整个过程所使用的是统一的标准和开放式的问题"。

（作者：佚名）

思考与练习

1. 如何营造创业团队的友好氛围？
2. 分析"互联网+"大赛大学生创业团队组建的重点和难点，思考如何提高创业团队的综合素质。
3. 拟订创业团队组建策划书。

第八章 创业项目路演实训

学习目标

1. 认识创业项目路演。
2. 了解创业项目路演流程,掌握创业项目路演的关键点。
3. 团队合作,参与创业项目路演实训。

学习建议

1. 邀请企业家来校举办项目路演、讲座、讨论会。
2. 分小组组织观看现场路演或路演视频。

第一节 认识创业项目路演

名人格言

作为曾经失败过,至少有过失败经历的人,应该经常从那些经历里面学点东西。人在成功的时候是学不到东西的。人在顺境的时候、在成功的时候,沉不下心来,总结的东西自然是很虚的。人只有在失败的时候总结的教训才是深刻的,才是真的。

——史玉柱

案例导入

一分钟路演，3个大学生创业项目被投资者相中

（来源：长江日报，2018年5月3日，有改动）

仅仅只用一分钟，投资机构就被大学生创业团队打动，现场签约。5月3日，这"不可思议"的一幕，就出现在汉阳区大学生留汉创业就业"相亲会"活动现场。在举办方设置的"一分钟奇迹"环节，10个大学生创业项目团队各自利用短短一分钟时间展示自己，其中3个项目与投资机构成功签订投资意向协议书。

此次活动在汉阳造广告创意产业园举行。记者在活动现场看到，参加路演环节的创业团队精心准备了相关材料，推介项目核心要素，充分展示各自产品和创意的特点，力争在最短时间内牢牢抓住台下40余家创投机构的眼球。

路演项目涉及健康医疗、新零售、互联网和文旅等领域。武汉市蔡氏福宁中草药有限公司的TOUCH项目最终从10个项目中脱颖而出，拿到5张投资邀约函，成为"奇迹之星"。10个项目共收到投资邀约42个，3个项目与投资机构当场签订投资意向协议书。

"我们有考虑，但没顾虑。"武汉飞汇云创科技有限公司创始人赵鹏飞说。他告诉记者，他得知路演时间只有一分钟时确实有些吃惊，但随后就释然了。在他看来，十分钟有十分钟的讲法，一分钟则有一分钟的方式，"关键还是在于创业者自己"。

武汉市蔡氏福宁中草药有限公司创始人蔡利军告诉记者，这是自己参加的时间最短的一场路演，虽然压力不小，但也是一次锻炼，让他思考如何在最短时间内吸引更多投资人关注，让他自己受益匪浅。

九州通人力资源总部招聘中心主任薛翔表示，"一分钟"路演考验的是创业团队的展示能力，考验他们在遇到压力的情况下如何出色发挥、展示自己的特点，有助于企业和投资方发现创业大学生及团队的优点。但他也坦言，"一分钟"路演只是敲门砖，企业和投资机构会在接下来对进入视野的创业团队和大学生进行深入了解，最后实现共赢。

　　汉阳区相关部门工作人员介绍,此次活动共有50余家汉阳知名企业、40位创业导师、创业投资人参加,提供高薪优岗近2 000个,其中年薪10万元以上的岗位达300个;80套房源现场配租,2家企业获批"绿色通道"。之所以设定"一分钟"路演时间,主要是考虑到整个活动时间的紧凑,同时希望让创业团队重点展示精华与特色,提高吸引投资的成功率。企业和投资机构事先会对创业团队的资料进行研究,再结合团队的现场发挥,确定投资意向,不会"盲目冲动"。

　　据介绍,今年汉阳区大力构筑人才队伍"金字塔",提出"十百千万"引才目标,即引进10个及以上"城市合伙人"人才团队、100名以上高层次创新创业人才,1 000名基础实用人才,20 000名以上大学生青年人才。

（作者:史强）

　　路演是让创业项目获得社会和投资人认可的重要方式。创业项目路演可以给创业者提供将其所描绘的"空中楼阁"转化、落实到产业实际的机会,是创业者与政府、投资人之间进行交流的桥梁,可以帮助创业者展示创业思路、加强资源整合、获得投资人青睐、实现创业梦想。在"大众创业、万众创新"的热潮中,随着大学生创业政策体系越来越完善,越来越多的大学生创业者通过创业项目路演在创新创业大赛中展示自己的创业方案,在投资说明会上推介自己的创业计划。

一、创业项目路演简介

　　路演译自英文 road show,原指股份公司为了与投资者沟通和交流而举行的股票发行推介会。创业项目路演就是企业或创业代表在台上向投资人或评委讲解项目属性、发展计划和融资计划,争取获得融资的过程。

　　创业项目路演通常包括准备阶段、实施阶段和反馈阶段,一般分为线上路演和线下路演,这里主要讲线下路演。

二、创业项目路演的关键点

　　创业项目路演的本质是在有限的时间里传递最有效的价值。路演成功与否的评判关键，其实是项目能否得到评委或投资人的青睐，让他们认可项目，愿意投资。

路演是对创业方案的展示。在前期，创业团队应对创业项目进行调研，对目标行业展开调查分析，包括行业现状、问题、趋势、国家相关产业政策等；分析竞争状况，明确团队优势如资源、渠道、合作模式等，明确项目及相关产品的市场前景、风险、投资回报率。

做好前期工作后，创业团队应准备好陈述材料，目前正规的创业项目路演都有 PPT 展示，因此需准备一份内容精练、重点突出的 PPT。在路演时，团队代表就要结合调研结果，讲述项目实施思路，展示项目优势。

在路演的过程中，还需要注意把握现场节奏，做好时间分配，特别是在公开路演时。路演开始时，路演代表不需要说过多的感谢词，应该直入项目主题；对投资人或评委的提问，要简明扼要，据实回答。

三、创业项目路演结果的影响因素

路演，除了情绪准备、气氛调动之外，商业逻辑、策略、规则方面的设计，环环相扣的陈述方式、展示方式，现场发挥等方面都有讲究。

很多创业者通过参加路演来学习和总结如何路演。不少创业者站在路演台上，被投资人一连串的提问弄得满脸冒汗，甚至对自己的创业计划产生了怀疑。实际上，投资人的关注点往往"简单、直接、粗暴"，他们通常只关注三个方面：项目未来的可视化目标是什么，项目具备什么优势，项目从哪里开始。因此路演也要"简单、直接、粗暴"，在短时间内直击要害、直达主题，抓住这三方面来吸引投资人。这里，创业者需要了解一种商业模式。在互联网时代，新的商业精神要求产品必须具备简单、直接、粗暴的特征。即：简单——前台简单，直奔主题，但后台复杂，难以模仿；直接——解决刚需是准则；粗暴——尽可能缩短并提高效率。也就是说，商业模式要为结果而行动，尽可能高效。

此外，路演代表在台上的表现，也是决定路演能否成功的重要因素。

（一）创业激情的感染力

创业激情的重要性在创业研究领域得到了广泛认可。有研究发现，激情是关键的积极预测因素，富有激情的企业家表现出更大的动机、更高的倾向来发展自己的企业；但有专家指出，并不是越高的创业激情就能带来更好的融资绩效,创业激情与创业绩效呈倒 U 形关系,或者激情创业者与获取创业投资并不具有直接关联。以上研究多使用问卷调查来测算创业激情,是创业者对自身的评价,但创业者的路演能否取得成功,更重要的是投资人或者客户能否真正感受到创业者的激情。

有专家认为,企业家表达情感的倾向和能力与公司收入呈正相关,一个人在社会环境中有较好的情绪表达能力是创业企业取得财务成功的预测因素。从表达角度,可将创业激情定义为企业家具有高度的个人价值的认知和行为表现的强烈情感状态。在预测创业项目是否成功时,投资人对创业者激情的感知非常重要。基于此,更高水平的创业激情感知能更有效地吸引观众的注意力,让投资人对公司或创业团队的技术、管理和潜力给出更高评分。

(二)个人形象的说服力

传播学领域学者指出,发言者要有说服力,他们的形象必须看起来较为可信。较高的可信度对他人的行为遵从有直接影响。国内针对路演中创业者形象的影响的研究并不多,有研究者以技术手段提取了企业高管在 IPO(Initial Public Offering,首次公开募股)路演过程中的语音特征和长相等先天特征,发现投资者偏好长相较好、声音较低的高管。另有研究者运用感知评价体系,从胜任程度、可信程度和吸引力三方面对高管形象进行感知评价,发现高管形象对 IPO 数据有较大影响。

(三)体态语言的表现力

一场精彩的创业项目路演不仅要让观众理解内容,更要抓住观众的注意力。有学者提出一个重要观点,即文本内容和相关的沟通行为会协调知识、价值观的传播。

路演过程中,路演代表的体态也一直在向投资人传达信号,那些体态语言所表达的激情,在一定程度上会影响投资人对项目的看法,会对项目的最终评估结果产生影响。因此,在路演前路演代表应该注意体态语言的训练,让体态语言帮助自己更好地表现项目的内容,实现信息的有效传播。

经典路演——8分钟路演(节选)

（来源:《路演大师打造强逻辑的商业价值体系》,有删改）

8分钟是国际标准的路演时间。如果能够将8分钟的标准路演时间把握好,那么以后的路演,不管是3分钟,5分钟,还是10分钟,对于企业来讲都不成问题,因为8分钟是最难把握的时间。所以,8分钟路演是很经典的路演。

在一场8分钟的路演中企业应当如何快速抓住观众的注意力?我总结了一个经典的公式:

8分钟路演=提出问题+解决方案

这个公式非常重要,不管是乔布斯,还是雷军等人,所有的路演大师都是遵循这个公式进行了一场场成功的路演。

在一场8分钟的路演中,路演者只需要做两件事即可:第一件事,告诉观众你的项目是针对什么问题的;第二件事,你提出的解决方案是什么。以室内装修设计为例,路演者必须向观众提出现在装修行业或者设计行业存在的问题,比如提出有五大问题,这五大问题要抓住观众的五大痛点,说到他们的心坎上;然后针对这些问题,提出你的解决方案,观众自然买账。

8分钟经典路演要围绕着四个问题展开:

第一个问题:我们是做什么的。告诉观众,企业是做什么的,这是观众关心的最基本问题。

第二个问题:我们解决了客户的什么问题。企业要告诉观众为客户解决了什么问题,这个问题必须是企业基于对整个行业的研究和对消费者的洞察得出的结论。

第三个问题:我们如何与众不同。这个问题的关键在于告诉观众,企业与其他同行业竞争者在哪些方面是不同的,企业的核心竞争力是什么。

第四个问题:和我有什么关系。这是最重要的问题,告诉观众企业的路演内容与观众有什么关系,观众为什么要关注企业的路演。

（作者:付守永）

▋ 思考与练习

1.分小组调研当地大学生开展创业项目路演的现状。
2.路演中的体态语言应该是怎样的？
3.创业项目路演要注意把握哪些关键点？

第二节　创业项目路演实训

▋ 名人格言

领导的艺术归根到底只有一句话：面对现实，迅速变革，果断行动。

——杰克·韦尔奇

▋ 案例导入

"产教融合+"模式下的商科教学实践(节选)

（来源：中国教育新闻网，2016 年 12 月 20 日，有删改）

"我们大一就上了虚拟仿真实训课程，完完全全就是在一个公司实习的样子。我们每个人都有自己应聘的公司和岗位，老师就像是公司里比我们资历老、工作经验更丰富的前辈。整个课程下来，我们基本了解了一个公司的运营。"贺州学院经济与管理学院财务管理专业学生黄思婕所说的实训课程，就是该校产教融合项目落地的产物。

搭建育人平台，推进产教融合

近年来，贺州学院以发展应用型学科、培养应用型人才、建设应用型大学为转型发展目标，大力构建校企合作育人平台、推进产教融合，走协同育人、协同创新的转型发展之路。

其中学校与新道科技股份有限公司的合作，从初次商谈到项目落地，只用了不到1年的时间。双方投入1 300万元共建2 000多平方米的新道智慧教室，建成了包括新道管理软件应用工程实践教学基地、虚拟商业社会环境VBSE平台和创新创业教育综合实训平台在内，具有前瞻性，在广西区内外具有领先水平的经济管理专业仿真实训体系，"把企业搬进校园"的新道实践教育理念完全改变了传统的教学模式。

改变"教""学"模式，凸显"双创"成效

"在产教融合的基础上，我们可以加的东西很多，可以发挥的空间也很大。"贺州学院吴郭泉校长说。短短两年多，该校将学校、企业、政府部门等多部门的创业指导体系、创业孵化体系、项目支持体系等多方资源整合起来，构建了"产教融合+"模式下的大学生创新创业教育生态系统。

该校坚持"双创"进专业、进课堂，从2015级人才培养方案起，构建了从创业基础到创新创业训练再到创新创业实践的课程体系，增设了11个创新创业学分。利用新道创新创业学院开设通识性公选课，使用翻转课堂模式与创业实训平台，让学生由"灌输式"的接受者，转变成主动的研究者、实践的创造者，提高了学生的创业能力和创新意识。

"实训课程将创新创业过程的典型场景和环节加以呈现，引导学生感知商业模式、客户价值主张设计、资源与能力设计和赢利模式设计，物化了学生学习成果，提升了学生的创新创业能力。"任课教师蓝文婷对此给予高度评价。

两年来，该校大学生参与各级各类学科专业竞赛，获得"创新创业杯"全国管理决策模拟大赛一等奖、"挑战杯"中国大学生创业计划竞赛一等奖等100多项全国性等级奖。其中，该校大学生在2016年举办的第二届中国"互联网+"大学生创新创业大赛全国总决赛中斩获1银3铜，位居广西第二位；在广西区赛中斩获5金5银，位居广西第三位；"超媒体系列教材"项目与新道科技股份有限公司签订了投资意向书。

（作者：谢雪清、刘健华）

在校园里,大学生可以通过参加创新创业大赛,在模拟环境下开展创业活动来积累创业经验,提升综合素质,提高真实创业的成功率。路演,是创业比赛或投资说明会必不可少的一环。大学生在学校可以参加路演实训,为参加比赛或投资说明会做好准备。

一次完美的路演,不仅能全面、清晰、重点展示项目内容,还能准确地抓住评委、投资人的兴趣点,与他们进行有效沟通,从而得到他们的认可,获得投资机会,实现项目价值。一般路演只有短短的几分钟或十几分钟,要让观众感兴趣、认同项目,非常需要项目团队对自身项目和提问环节会涉及的问题进行周密的思考。

一、路演准备

大学生创业团队参与创业项目路演,需要做的准备工作主要包括以下几方面。

(一)准备路演 PPT

优秀的创业团队凡事都会提前准备方案。创业团队在路演前一定要提前准备路演 PPT,它能辅助路演代表在规定时间内完整诠释项目的可行性、核心价值、可操控性、投资回报、项目风险及规避方法等。

(二)准备路演陈述词

路演 PPT 的总篇幅一般控制在 10 页。路演通常不需要把所有内容写到 PPT 中,只需列举出关键点,拓展的内容由路演代表现场口述。因此,创业团队需要根据路演 PPT 的提纲,梳理一份翔实、精彩的陈述词。因路演的时间很短,在准备阶段,团队应根据演练情况不断调整陈述词,为不同的路演时长拟订不同的陈述方案。

(三)模拟答辩排练

团队根据路演 PPT 的关键点,梳理答辩要点,准备问答数据库;随后可进行答辩模拟演练,排练中注意答辩话术和答辩礼仪。

(四)路演代表的个人准备

路演代表需要熟悉路演 PPT 和路演陈述词,最好进行多轮演练,达到深度理解内容、完整记忆项目要点、表达流畅的程度。路演代表本身还要注意个人形象和陈述技巧,注意纠正习惯性不良动作,尽量在评委、投资人面前展现出干练、精神、智慧的形象,传递出对创业项目的热情和激情;注意与评委、投资人适当互动,吸引他们的注意力。

此外,在进行路演前,建议大学生创业团队去路演场地熟悉环境,比如在台上走一下,实地模拟一两遍路演;路演时,创业团队要分工明确,安排合适的成员负责播放 PPT、陈述、答辩,成员各司其职。

二、路演陈述的重点

在路演中,现场陈述至关重要。路演时间有限,以"互联网+"大赛为例,路演只有几分钟。因此,路演陈述需要明确以下几方面的内容。

(一)市场的痛点和痒点

创业团队在陈述时需介绍项目产生的背景,指出市场的痛点和痒点,再告诉投资人自己是如何解决的。从目前大量的现场数据来看,出色的现场路演基本是从一个故事开始,然后介绍大背景下的行业痛点、痛点解决方案、解决方案在市场中的优势等。

(二)明确的核心观点

针对市场痛点和痒点提出自己的核心观点。

创业团队要在评委和投资人面对大量项目的情况下脱颖而出,除了要讲好项目计划书上的项目简介、产品服务、市场规模、核心竞争力、财务计划、团队介绍等内容之外,一定要有可以用一句话描述清楚的核心观点提供给评委和投资人。

(三)清晰的解决方案

即项目怎么做的问题,包括项目过去的解决方案、现在的发展情况、未来公司愿景等。

这就要求创业团队把项目的商业模式、运营数据、融资计划、团队建设、风险对策等清晰明了地讲清楚。

1.模式技术是核心

商业运营模式和关键技术是项目的核心。注意在描述项目商业模式的过程中,切忌单纯谈概念。概念要新,但是如果过于独特,其实会给市场投资运营增加风险。

2.财务数据是保证

大学生创业比赛中,在早期网评阶段不是最重要的评估因素的财务逻辑问题,在决赛的路演阶段变得非常重要。投资人需要明确知道投给创业团队的钱会花到哪里去。运营成本、收入、利润等财务细节的阐述必须逻辑清晰、数据具体,来不得半点侥幸。项目能规避掉的风险越多,获得风险投资的机会也就越大。

3. 团队建设是根本

创业团队在做团队描述的时候,要思路清晰,突出团队的特点和优势。从市场运营的角度来说,团队比项目方案更重要,这个是共识。在创业路上,如果有优秀的团队,即使初始阶段的市场解决方案并不完美,但是随着时间的推进,团队也会取得更加出色的成果。

(四)真实的数据支撑

创新创业计划需要事实数据支撑,而不是单纯罗列创新的观点。

要让创业计划和路演内容立体有型,让评委做出客观评估,需要用大量翔实的市场经营数据说话。比如在技术的实际运用期间,产生了多少量化的产出;项目通过哪些运营手段创造了规模化的市场;比照同类产品和服务,其具体数据是多少。

(五)创业过程中遇到过的挫折和今后的风险控制方法

创业维艰,失败是成功之母。创业者在创业路上遭遇的挫折,是未来成功的基石。创业中的挫折故事及从中汲取的教训、对未来可能遭遇的风险的控制方案,创业团队在路演时要明确阐述,这些对企业未来的发展至关重要。

三、路演 PPT 制作技巧

一份完整的路演 PPT 主要包括以下方面。

(一)项目概况

路演 PPT 上,首先应该用一句简洁清晰的话概括项目,目的是让评委、投资人直观地了解项目的基本情况。

(二)用户痛点

列出对用户来说最重要的痛点关键词,表明该用户群有此类需求(需求要合理且强烈)。痛点需与产品功能相对应,此处正是体现产品价值的关键。

(三)行业分析

分析整个行业现状的目的是告诉投资人本产品在行业里的重要意义。

整体分析行业现状时,可以分别列出行业痛点的关键词,再加以解释分析。

(四)产品亮点

描述时需将产品亮点最大化,一是表明产品解决了用户或行业的痛点问题,二是向投资人阐述产品的具体情况。内容应包括产品的形式、核心功能、优势、所处阶段等。

产品形式:如微信公众号、网站、App、实物等(可展示照片)。

核心功能:如社交、交易、出行等(简要描述其最核心的功能)。

产品优势:如便捷、垂直、安全等(最核心的优势,提炼出3点即可)。

(五)竞品分析

分析竞品主要是为了突出产品的优势和差异化,可列出几种典型的竞品,结合自己的产品分析优势、劣势和差异。竞品可包括直接竞争对手的产品和间接竞争对手的产品。注意结论应建立在对竞品的深入分析之上,应充分体现出团队的专业能力,否则会让投资人对团队和项目产生怀疑。如果市场上没有竞品,此部分可不写。

(六)商业模式

商业模式的本质是:利润=收入-成本。对商业模式的阐述,最重要的是论证其可行性、能否产生收益。这部分可以先用一两句话清楚地描述项目运转情况及赢利模式。再明确指出项目目前是否赢利,如果有,用数据图表证明;如果没有,注明预计何时会以怎么样的方式赢利。

(七)运营现状

此部分尽可能多用图表展示项目运营的进展及相关数据。

进展:如开发阶段(如果处于开发阶段,请注明开发周期)、正式发布阶段、已有数据等。

数据:可体现项目运营情况的指标,如用户量、活跃度、交易额、留存率等。列出项目涉及的关键性指标数据即可。

(八)核心团队

对于早期项目,团队是评委和投资人评估项目是否有发展潜力、是否值得投资的一项关键指标。应介绍核心团队成员,包括创始人、联合创始人,也包括技术、销售、运营等方面的骨干成员。PPT页面可以放上他们的真实头像、姓名、核心竞争力、专业背景、相关经验,重点突出其与所担任角色的匹配度,重点强调团队的互补性和完整性。

核心团队成员不宜介绍过多,介绍 2～4 人最为合适。

(九)发展规划

发展规划是向评委和投资人表明创业项目的未来发展路线。清晰、明确的发展规划可使评委和投资人清楚团队的目标及项目的未来走向,可增强他们对项目的信心。

发展规划应包括产品线的拓展、新市场的进入、对外合作战略、营销推广手段等,可分为短期、中期、长期 3 个阶段来写,其中短期规划最为重要。短期规划可涉及产品迭代、团队招募、营销推广等;中期规划可涉及拓展功能、拓展品类等;长期规划可涉及拓展领域、营造生态链等。

(十)融资计划

此处需要尽可能清楚地写明所需融资额度、出让股权、资金用途、是否有过融资经历,其中融资额度和资金用途是最重要的。

融资额度:××万元。(资金使用周期以 24 个月为宜)

出让股权:××%。(投后估值须合理)

资金用途:人员工资××% 、产品研发××%、营销推广××%。(资金分配最好能够细化到具体项目)

过往融资经历:获得××机构/个人的××万元××轮融资,出让××股权。(如果没有可不写)

(十一)联系方式

写出创业团队的有效联系方式,便于投资人与团队取得联系。

需要注意的是,一个好的路演 PPT,既需要包含归纳的陈述重点,还需要在控制路演总时长的前提下,合理分配每个板块的篇幅,做到详略得当;在版式方面,整体风格应简洁大方,板块清晰、配色清爽,便于评委、投资人阅读。

四、路演答辩技巧

①评委或投资人提问时,要集中注意力认真聆听,定位对方意图,识别问题的本质。

②回答问题前,给自己几秒时间思考,理清答题思路,但数据相关问题要脱口而出,体现专业性。

③回答问题时,注意关键词句的连接,最好分要点、分层次地解答,体

现出严密的逻辑和清晰的思路。

④对回答不出的问题，可实事求是地说明情况，表明会认真研究的态度。评委和投资人一般是业内人士，切忌与之强辩、不懂装懂。

⑤当评委或投资人提出的看法与团队理念相左时，不要直接反驳，应先肯定、感谢对方的宝贵意见，再提出自己的见解。

拓展阅读

怎样做一场让投资人无法拒绝的路演？（节选）

（来源：搜狐网，2018年1月9日，有删改）

想要获得融资，创业者可以通过多种途径获得和投资人见面的机会，路演就是其中一个重要的环节。那创业者怎样做一场让投资人无法拒绝的路演呢？

1. 只要花10分钟

时间非常重要。有时你的路演时间越少，效果反而会越好。你在讲解路演PPT时，要掌握好节奏，不要急急忙忙收尾；如果你使用幻灯片，在一张幻灯片上停留的时间不要超过3分钟。

2. 把路演变成讲故事

讲故事的方式非常能够吸引听者关注，这是得到论证的。此外，这种方式也能让你的路演变得难忘。每个人都喜欢听好故事，即便是看重数据的投资人也不例外。

3. 准确解释你的产品或服务

不要只给投资人"画大饼"，要给他们展示一个实实在在的产品。这里要注意的是，不要过分解释你的产品的特性，投资人最关心的其实是你的产品如何能赚到钱，要准确解释你的产品或服务与众不同之处。

4. 准确解释你的目标受众群

尝试利用人口特征和心理特征来定位你的客户，给投资人展示一些客户数据，会更有说服力。

5. 一个无懈可击的营销策略

公司能否获得成功，营销很重要。如果你有一个很好的营销理念、方法或技术,请告诉投资人。相反,如果你有一款很好的产品,但是无法销售出云,那么很难获得投资人的青睐。投资人需要看到的是一个无懈可击的营销策略让你的产品上市。

6.解释你的收入模式

投资人之所以投资你,无非是希望得到回报。因此路演中投资人问得最多的问题就是"你的公司如何赢利?"实际上,他们是在询问你的收入模式。所以,请准确解释自己采用了哪些收入模式以及如何执行这些模式。

7.热情而自信的态度

如果你平时看过一些创客路演,就知道创业热情是非常重要的。一个充满能量与热情的创业者,在投资人面前至少能加一半的分数。还有一点要注意,那就是创业者一定要走出自己的舒适区。

8.告诉投资人他们的"退出策略"

一个"杀手"级的项目路演,最重要的就是要向投资人展示"退出策略"。退出策略,就是风险资金的退出方式和方法。投资人会问,未来你的公司是否会上市?是被收购,还是授权连锁?在回答这些问题之前,你要做好准备,比如预计未来你的公司的销售收入或估值可能会达到多少。投资人往往希望得到更多回报,而不是获得一些边际收益,毕竟,谁不想躺在一艘大游艇上退休呢?

(作者:青大 EDP 中心)

思考与练习

1.路演陈述的重点有哪些?

2.怎样把控路演节奏?

3.班级分小组策划一个创业项目,组织一次模拟路演。

参考文献

［1］马于军.大学生就业问题研究［M］.长沙：湖南人民出版社，2007.

［2］黄赤兵.大学生就业指导［M］.2 版.厦门：厦门大学出版社，2015.

［3］杨邦勇.大学生职业发展与就业指导［M］.2 版.上海：同济大学出版社，2012.

［4］通识教育规划教材编写组.大学生就业指导：慕课版［M］.北京：人民邮电出版社，2017.

［5］李绍勋，范建荣.大学生职业生涯规划与创业就业指导［M］.北京：人民邮电出版社，2015.

［6］文厚润，张斌.大学生就业实用教程——大学生职业发展与就业指导［M］.2 版.北京：高等教育出版社，2013.

［7］吕波，姜孔桥.大学生创新创业训练计划项目的管理新机制探讨［J］.教育教学论坛，2013（9）：231-232.

［8］侍松门，庄亚勤.关于大学生创新创业训练计划项目的思考［J］.黑龙江教育（高教研究与评估版），2014（7）：79-80.

［9］姜冠豪，陈广山."大创项目"网络公司模拟计划的设计［J］.传播与版权，2014（7）：100，106.

［10］耿新.大学生创新创业训练计划实践与探索［J］.当代经济，2014（8）：88-89.

［11］周文斌，王晓燕.大学生创新创业训练项目管理的探索与思考［J］.时代教育，2014（21）：7-8，4.

［12］宋梅，井宝莹.浅论科研训练与大学生创新能力的培养［J］.中国市场，2015（6）：141-142.

［13］陈文曦.大学生创新创业训练计划项目的实践与探索——以广东警官学院为例［J］.开封教育学院学报，2014，34（12）：123-124.

［14］黄传锦，周海，陈西府，等.浅析机制专业大学生创新实训平台的重要性［J］.考试周刊，2015（16）：155-156.

［15］吴克明.中国大学生就业问题研究［M］.济南:山东人民出版社,2015.

［16］庞开山.大学生就业与创业法律实务［M］.合肥:中国科学技术大学出版社,2011.

［17］王德炎 大学生就业指导案例［M］.成都:西南交通大学出版社,2010.

［18］王宝生.大学生就业与创业指导教程［M］.3 版.北京:机械工业出版社,2014.

［19］伍祥伦,何东.大学生就业［M］.北京:科学出版社,2011.

［20］孙玉贤.大学生职业生涯发展规划［M］.兰州:甘肃人民出版社,2008.

［21］全国高等学校学生信息咨询与就业指导中心.大学生职业发展与就业指导［M］.北京:高等教育出版社,2009.

［22］王晓红.大学生创业准备的指导策略［J］.湖北社会科学,2011（3）:174-176.

［23］赵麟斌.大学生职业生涯规划与就业指导［M］.北京:北京大学出版社,2008.

［24］张文勇,马树强.大学生职业规划与就业指导［M］.北京:科学出版社,2006.

［25］高桥,王辉.大学生职业发展与就业指导教学指南［M］.北京:现代教育出版社,2008.

［26］罗萱.大学生职业发展与就业指导［M］.福州:福建人民出版社,2012.

［27］钟谷兰,杨开.大学生职业生涯发展与规划［M］.上海:华东师范大学出版社,2008.

［28］庄羽科,谢伟.职业素养入门与提升［M］.北京:北京理工大学出版社,2009.

［29］麦可思研究院.就业蓝皮书:2014 年中国大学生就业报告［M］.北京:社会科学文献出版社,2014.

［30］单从凯,李兴洲.就业与创业指导［M］.北京:北京师范大学出版社,2014.

［31］章周道.大学生职业生涯规划、就业与创业指导［M］.厦门:厦门大学出版社,2015.

［32］刘金同.就业与创业指导［M］.北京:北京出版社,2014.

［33］杨乐克.大学生创新创业教程［M］.北京:中国时代经济出版社,2014.

［34］张晓丹,何代忠.大学生就业指导案例汇编［M］.北京:清华大学出版
社,2010.

［35］李伟,张世辉.创新创业教程［M］.北京:清华大学出版社,2015.

［36］张方.就业基本能力与就业指导［M］.北京:北京大学出版社,2010.

［37］任荣伟,梁西章,余雷.创新创业案例教程［M］.北京:清华大学出版
社,2014.

［38］张翔,许明.大力开展就业与创业教育 切实提高学生的就业能力:柳
州职业技术学院就业与创业教育课程建设纪实［J］.广西教育,2009
(6):5-6.

［39］钱建国.大学生职业规划与就业指导［M］.北京:人民出版社,2006.

［40］高桥,葛海燕.大学生就业指导［M］.2 版.北京:清华大学出版
社,2009.

［41］陈德明,祁金利.大学生生涯规划与管理［M］.北京:高等教育出版
社,2008.

［42］迟永吉,欣荣,曹喜山.大学生职业生涯规划与发展［M］.北京:高等教
育出版社,2009.

［43］席升阳.我国大学创业教育的观念、理念与实践［M］.北京:科学出版
社,2008.

［44］宣仕钱,徐静.大学生就业与创业指导［M］.北京:经济科学出版
社,2008.

［45］付首清,李军.创业启动［M］.北京:科学出版社,2004.

［46］张天桥,侯全生,李明晖.大学生创业第一步［M］.北京:清华大学出版
社,2008.

［47］徐健."以赛促教促学,赛教学并进"高职院校大学生就业与创业指导
教学研究［J］.冶金管理,2020(15):181-182.

［48］刘毅,赵岩松,朱伟."互联网+"创新创业大赛数据分析与改革对策探
究——以第五届中国"互联网+"创新创业大赛为例［J］.创新创业理
论研究与实践,2020,3(15):166-167,172.

［49］周红锋.大学生创新创业训练计划头脑风暴法选题与优化管理［J］.
现代商贸工业,2020,41(27):83-85.

［50］潘亚楠,朱晋伟.路演方式对项目评价的影响研究——以大学生创业

竞赛为例[J].经营与管理,2020(6):14-19.

[51] 王超."互联网+"创新创业大赛与大学生思想政治教育的作用关系[J].公关世界,2020(6):111-112.

[52] 梁晓航."互联网+"大学生创新创业大赛项目团队建设问题研究[J].科技经济导刊,2020(7):120-121.

[53] 张耿.基于"知行合一"的模拟演练在创新创业教育中的实践研究[J].中国成人教育,2019(23):49-52.

[54] 杨利琴,翟硕,薛人通,等.以互联网+集训营推进双创教育与专业教育有机融合[J].教育教学论坛,2019(41):90-91.

[55] 李强,吴雷鸣,王胜,等.高职院校创新创业人才培养"商业路演"模式研究[J].中国集体经济,2019(23):160-162.

[56] 徐敏,黄瑛.高校大学生创新创业训练的优化研究[J].中国商论,2019(7):244-245.

[57] 孟德锋,田亮.大学生创新创业训练项目选题的优化路径研究——以应用经济学为例[J].金融教育研究,2019,32(2):69-74.

[58] 郭燕.导师制模式下大学生创新能力培养的阻碍及对策[J].教育观察,2019(7):81-83.

[59] 罗亮.大学生如何做好创新创业项目路演?[J].中国大学生就业,2019(5):30-31.

[60] 张芳."互联网+"大学生创新创业大赛项目团队建设问题研究——以商洛学院为例[J].创新与创业教育,2019,10(1):70-72.

[61] 白莲."互联网+"背景下高职院校大学生创业团队建设探究[J].陕西教育(高教),2019(2):60-61.

[62] 崔震,蔡成尧."互联网+"大赛背景下"以赛代练"促进创业带动就业的思考[J].创新创业理论研究与实践,2018,1(17):121-122.

[63] 刘凤海,潘洪志,牛莹莹,等.本科生导师制—大创计划—毕业实践一体化教学模式改革的研究[J].中国高等医学教育,2018(5):56-57.

[64] 柴莹,肖晓.大学生创新创业训练计划管理模式的构建——基于项目管理的视角[J].中国大学教学,2018(2):70-73.

[65] 王洪伟."互联网+"背景下大学生创业团队建设研究[J].通讯世界,2017(23):316-317.

［66］李晓勇. 众创背景下大学生创业团队建设研究［J］. 中国培训,2017
（15）:55-56.

［67］张海燕,钟晓辉,吴倩茹."互联网+"背景下高校有效推动大学生创业
教育工作的思考［J］. 中国大学生就业,2017（13）:50-54.

［68］李锦莲,于连生,赵艳丽. 基于大数据时代高校大学生创新创业能力
思考［J/OL］. 中国培训,2017（14）:62.［2020-11-16］.

［69］崔虹云,宋远航,田国忠,等. 大创项目:学生创新思维和创新能力的
培养［J］. 绥化学院学报,2017,37（5）:124-125.

［70］张乐,王艳东. 论大学生创新创业项目研究管理问题与策略［J］. 成才
之路,2017（8）:17.

［71］焦红超,赵森浩,阎崇钧. 导师制下的大学生创新实践能力培养模式
研究［J］. 当代教育实践与教学研究,2017（1）:187.

［72］吴爱华,侯永峰,郝杰,等. 以"互联网+"双创大赛为载体深化高校创
新创业教育改革［J］. 中国大学教学,2017（1）:23-27.

［73］蒋海宾. 高校基于导师制下的"大学生创新创业训练计划"［J］. 丝路
视野,2017（33）:68.

［74］刘政良,申昌安."互联网+"背景下大学生创业教育的思考［J］. 科学
与财富,2017（3）:367.

［75］傅剑波,江超. 创新:大学生创业项目选择的关键［J］. 经营管理者,
2017（14）:354-355.

［76］张琇滨."互联网+"大赛与高校创新创业教育工作的互动关系思考
［J］. 求知导刊,2017（21）:25-26.

［77］潘丹."互联网+"大学生创新创业大赛的思考［J］. 电脑迷,2016
（11）:73.

［78］柳晓夫."互联网+"大学生创新创业大赛的思考与探索［J］. 广东交通
职业技术学院学报,2015,14（4）:121-124.

［79］周强. 高校大学生创新创业环境优化对策研究［J］. 现代经济信息,
2015（23）:404,406.

［80］郭鑫,曹松祥. 高校学生创业模拟演练及实训课指导方案研究［J］. 课
程教育研究,2015（29）:227-228.

［81］杨凯. 路演,打造最粗暴的融资方式［J］. 华东科技,2015（9）:64-65.

[82] 钱小明，荣华伟，钱静珠.基于导师制下"大学生创新创业训练计划"教育的实践与思考[J].实验技术与管理，2014，31(7):21-24.

[83] 孙文新，刘冬梅.高校学生创业的模拟演练及实训课指导策略[J].鸡西大学学报，2014，14(5):22-24.

[84] 刘益东，任良玉，冯利英.对实施国家大学生创新创业训练计划的理解和思考[J].内蒙古师范大学学报(教育科学版)，2014，27(1):7-10.

[85] 于田，杜京哲.路演进行时:2014创新企业与投资人面对面——对话水处理项目[J].国际融资，2014(8):27-30.

[86] 西川.真实项目路演+模拟融资谈判——创业家与风险投资家对话[J].中国创业投资与高科技，2003(5):24-26.